本书系 2021 年度上海市教育科学研究一般项目"新时代志愿精神与大学生社会主义核心价值观培育研究（立项编号：C2021285）"的研究成果

志愿精神与大学生社会主义核心价值观培育研究

周琦　著

辽宁人民出版社

图书在版编目（CIP）数据

志愿精神与大学生社会主义核心价值观培育研究　/
周琦著. -- 沈阳：辽宁人民出版社，2024. 9. -- ISBN
978-7-205-11277-6

Ⅰ. D432. 6；G641

中国国家版本馆 CIP 数据核字第 2024Z9F046 号

出版发行：辽宁人民出版社

　　　　地址：沈阳市和平区十一纬路 25 号　　邮编：110003

　　　　电话：024-23284325（邮　购）　024-23284300（发行部）

　　　　http://www.lnpph.com.cn

印　　刷：辽宁新华印务有限公司

幅面尺寸：170mm×240mm

印　张：9

字　数：155 千字

出版时间：2024 年 9 月第 1 版

印刷时间：2024 年 9 月第 1 次印刷

责任编辑：高　丹

装帧设计：吴晓嘉

责任校对：吴艳杰

书　号：ISBN 978-7-205-11277-6

定　价：58.00 元

前　言

　　志愿服务事业作为近年来党和国家高度重视的社会事业，对我国社会主义和谐社会的构建和新时代精神文明实践中心的建设有着重要的价值作用。大学生作为志愿服务事业的重要主体，培育其志愿精神，发挥志愿精神在志愿服务中的引领作用，不仅能为我国志愿服务事业的发展注入新的活力，更是提高大学生思想道德素质、促进大学生综合能力全面提升的关键要素。社会主义核心价值观是中华优秀传统文化的现代化彰显，也是文化自信的本质体现，展现了中华民族共同价值追求。在全球化思潮来袭的背景下，发挥社会主义核心价值观对大学生的教育和引导作用，筑牢大学生对社会主义核心价值观的情感认同，将有助于推动高校立德树人教学目标和教学任务的达成，全面提升高校的育人质量和育人水平。因此，培育大学生志愿精神和社会主义核心价值观，对大学生个人的成长和发展，以及对社会的进步和发展有着同等重要的作用。因此，以志愿服务为载体实现大学生志愿精神的培育，且进一步强化大学生的社会主义核心价值观，发挥社会主义核心价值观在大学生志愿精神培育中的引领作用，实现大学生志愿精神在社会主义核心价值观中的内化，将成为新时代大学生人才培育急需关注的主题。

　　本书主要通过以下几部分对志愿精神与大学生社会主义核心价值

观培育的问题展开相关讨论和研究。

第一章绪论部分主要阐明选题背景、选题意义和选题创新之处。主要说明本次研究的背景内容及研究的目的和意义，对本次研究的积极意义和必要性进行初步的归纳和总结，并对本次研究的社会背景进行梳理；对国内外相关的研究现状进行归纳和总结，为本次研究奠定理论基础；明确本次研究的创新点和重难点，指明本次研究的研究目的、思路和方法。第二章对本书中涉及的相关概念和基础理论进行阐释，实现对志愿精神和社会主义核心价值观内涵、特征、价值意义的深层次把握。第三章通过梳理志愿精神与社会主义核心价值观之间的内在逻辑关系，明确社会主义核心价值观的引领和指导作用，以及志愿精神的诠释功能，为后续发挥志愿服务在培育中的载体作用奠定基础。第四章重点针对志愿服务的载体作用进行调查和研究，采用问卷调查法和个人访谈法相结合的形式对大学生参与志愿服务对大学生社会主义核心价值观的影响进行调查，为解决后续培育工作中存在的问题、原因梳理奠定基础。第五章在上述文献研究和实践研究的基础上，针对性地梳理总结目前培育工作中存在的问题和原因，成为后续培育对策构建的重要依据。第六章从对策路径入手，创新性地从高校、社会、家庭以及学生四方主体提出有效的培育策略，为大学生志愿精神和社会主义核心价值观培育大格局的建立提供系统化的指导和借鉴。第七章以总结展望的形式对本次研究进行归纳，在指出本次研究整体成果的基础上，梳理研究中尚且存在的问题，以期为本次研究的进一步优化和完善做出努力。

目　录

前　言 …………………………………………………………………… 001

第一章　绪　论 ………………………………………………………… 001

　　一、研究背景、目的与意义 ………………………………………… 002

　　　（一）研究背景及目的 ……………………………………… 002

　　　（二）研究意义 ……………………………………………… 003

　　二、国内外文献综述 ……………………………………………… 004

　　　（一）国内研究 ……………………………………………… 004

　　　（二）国外研究 ……………………………………………… 012

　　　（三）国内外研究现状述评 ………………………………… 014

　　三、研究内容、研究思路和研究方法 …………………………… 016

　　　（一）研究内容 ……………………………………………… 016

　　　（二）研究思路 ……………………………………………… 017

　　　（三）研究方法 ……………………………………………… 019

　　四、研究的创新点、重难点 ……………………………………… 020

　　　（一）研究的主要创新点 …………………………………… 020

　　　（二）研究的重点和难点 …………………………………… 021

第二章　相关概念和理论概述 ················ *023*

　一、志愿精神的概念界定和理论论述 ············· *024*

　　（一）志愿精神的概念和内涵 ·············· *024*

　　（二）与志愿服务的联系 ················ *028*

　　（三）志愿精神的思想借鉴和理论基础 ········· *030*

　　（四）大学生志愿精神培育的特征和意义 ········ *035*

　二、大学生社会主义核心价值观的概念界定和理论论述 ··· *038*

　　（一）社会主义核心价值观的概念和内涵 ········ *038*

　　（二）社会主义核心价值观的历史逻辑 ········· *040*

　　（三）社会主义核心价值观的理论概述 ········· *041*

　　（四）社会主义核心价值观培育新发展 ········· *043*

第三章　志愿精神与大学生社会主义核心价值观的内在逻辑

关系 ································ *049*

　一、志愿精神与大学生社会主义核心价值观同向而行 ···· *050*

　　（一）根植于中华优秀传统文化 ············ *050*

　　（二）价值追求目标保持一致性 ············ *052*

　　（三）志愿服务是有效载体保证 ············ *054*

　二、志愿精神是培育大学生社会主义核心价值观的生动体现 ·· *056*

　　（一）志愿精神有助于提升学生的民族认同感 ······ *056*

　　（二）志愿精神有助于强化学生的社会责任感 ······ *058*

　　（三）志愿精神有助于深化学生的思想价值观 ······ *061*

　三、社会主义核心价值观引领学生志愿精神的培育和践行 ·· *063*

（一）确保志愿精神的持续性发扬 ················· 063

（二）确保志愿精神的全面性传播 ················· 064

（三）确保志愿精神的目的性达成 ················· 065

第四章 大学生参与志愿服务对大学生社会主义核心价值观影响的调查研究 ················· 067

一、问卷调查设计和访谈记录 ················· 068

（一）问卷设计和样本分析 ················· 068

（二）个人访谈记录整理 ················· 076

二、志愿服务动机、影响因素以及价值观成效分析 ··········· 080

（一）志愿服务动机 ················· 080

（二）影响大学生参加因素分析 ················· 082

（三）大学生参与志愿服务对价值观的影响分析 ····· 084

第五章 志愿精神与大学生社会主义核心价值观培育的问题和原因分析 ················· 087

一、问题分析 ················· 088

（一）大学生志愿服务队伍建设力度不足，志愿活动覆盖面小 ················· 088

（二）大学生志愿精神培育缺乏常态化，志愿活动建设不全面 ················· 090

（三）志愿精神培育定位存在不准确性，参与志愿活动存在功利性 ················· 094

二、原因分析 096

（一）学校因素 096

（二）学生因素 100

（三）社会因素 101

（四）家庭因素 104

第六章　志愿精神与大学生社会主义核心价值观培育的路径
构建 105

一、高校加强顶层设计，优化志愿服务机制 106

二、学生强化自我教育，主动培育志愿精神 120

三、社会加强保障力度，营造良好培育环境 122

四、发挥家庭主体作用，引导志愿精神培育 128

参考文献 131

后　记 135

第一章

绪　论

一、研究背景、目的与意义

（一）研究背景及目的

社会主义核心价值观不仅是国家精神的核心，更是凝聚社会共识、维护团结稳定的深层精神力量。青年一代作为国家和民族的未来与希望，其社会主义核心价值观的树立和践行尤为重要。当前，中国正处于一个多元化思想和价值观念交会的社会转型时期。在这一背景下，大学生作为社会中思维最活跃、最开放的群体，面临各种思潮的冲击。树立正确的价值观，对他们的健康成长和全面发展至关重要。大学生不仅要从理论上认识社会主义核心价值观，更要将其融入日常生活和实际行动中。志愿服务活动作为社会文明进步的一个重要标志，已成为推动社会发展的重要动力。大学生是志愿服务的主力军，他们的参与不仅丰富了自身的社会实践经验，更积极推动了社会主义核心价值观的传播和实践。党中央高度重视大学生志愿服务，自党的十八大以来，强调要践行奉献、互助、友爱、进步的志愿者精神，并广泛开展志愿服务。党的十九大更是明确指出，要推进志愿服务制度化建设，强化社会责任感、规则意识和奉献精神。本书旨在探究志愿精神与大学生社会主义核心价值观的内在逻辑关系，分析志愿精神与大学生核心价值观培育的问题及原因，并提出相应的应对措施，这对推动高校育人工作、促进我国精神文明建设具有重要意义。

（二）研究意义

1.理论意义

一方面，丰富高校志愿服务理论研究。目前，学界对大学生志愿服务的研究相对广泛，覆盖志愿服务的多个方面，如对其内涵、精神、动机、功能、运行机制、存在的问题以及发展路径等方面的研究。然而，关于志愿服务在培育大学生核心价值观方面的作用，研究仍显不足。因此，通过收集资料和深入调查，分析志愿服务作为培育载体的现状和不足，并提出有效的对策，探究志愿服务在培育大学生核心价值观中的关键作用至关重要。这样的研究可以提供新的视角，丰富和扩展高校志愿服务的理论研究内容。另一方面，完善高校思想政治教育理论研究。大学生志愿服务活动是思想政治教育的一个重要组成部分，核心价值观的培育则是高校思政课程的核心内容。将志愿服务作为一种手段，促进大学生价值观的发展，不仅符合高校思想政治教育的基本要求，而且可以为思想政治教育的理论研究提供新的内容和方向。对如何利用志愿服务活动促进思想政治教育进行深入研究，能够补充和完善高校思想政治教育的理论体系，为实际的教育实践提供指导和参考。

2.现实意义

首先，提升高校思政课的实效性。高校思政课程通常以课堂理论教学为主，这就常常导致学生难以将所学知识应用于日常生活和工作实践中，进而造成思想与行为的分离，或因理论内容枯燥而产生排斥心理。志愿服务活动作为一种实践方式，能够潜移默化地影响学生的价值观，同时在实践中检验和强化学生所接受的思想政治教育，有效缩小理论与实践之间的差距。其次，促进学生正确价值观的构建。价值观是人们认知事物、辨别是非的思维方式，属于意识层面，它能够引导个人的思想动机和行为。大学生的价值观教育旨在提升其综合素质，锻炼其意志力，并促进其全面发展，最终成为对社会和国家有益的人才。志愿服务提供了一个平台，让大学生将理论知识转化为实际行动，在帮助他人的过程中提升交际、创新和团队协作能力，同时培养奉献、民主、平等和友爱的精神，加深对核心价值观的认识、理解和接受，从而形成正确的价值观和道德观。最后，推动社会治理的进步。大学生的志愿服务不仅为学生参与社会建设和治理提供途径，而且提高了他们的责任意识和义务意识。文化帮扶、扶弱济贫、关爱老残、生态环保等多种形式的活动，在一定程度上可以缓解经济发展和社会转型期间的冲突和矛盾，为中国社会治理注入新的活力，同时也有助于创新治理方式和方法。通过这些方式，志愿服务活动将成为社会和谐与进步的重要推动力量。

二、 国内外文献综述

（一） 国内研究

1.关于大学生核心价值观培育的研究

第一，大学生核心价值观培育意义研究。核心价值观的培育对大学生极为重要。例如，郑晓旭认为，核心价值观的培育能使大学生将实现个人价值与报效祖国、服务人民的目标统一起来，这对个人的全面发展和社会的和谐进步至关重要。

第二，大学生核心价值观培育现状及存在问题的研究。当前，大学生核心价值观的培育过程是一个继古开今的过程，全面了解其发展现状对未来工作的创新推动至关重要。学者李纪岩指出，虽然在这一过程中取得了可喜的成效，但也存在一些不足之处。例如，一些大学生在理想信念方面虽然呈积极发展态势，但也出现政治观念淡薄、理想模糊、信念不坚定等问题，也有部分学生在民主法治意识、消费观念和友爱意识方面存在不足。此外，大部分学生虽然关心和重视道德建设，但在是非、善恶、对错的认识上还存在混淆和颠倒的情况。另外，陈思在其研究中指出，虽然在高校核心价值观的培育方面，国家、社会和学校在理论成果、培育途径及力度等方面取得了一定成就，但在授课模式、培育方法、评价机制、培育实效性等方面仍存在一些急需解决的问题。

第三，大学生核心价值观培育载体的研究。学界对核心价值观培育载体的研究起步相对较晚，但已涵盖理论教育载体、互联网和新媒体载体、实践活动载体以及文化载体等多个方面。在这些研究中，大学生核心价值观培育的实践活动载体的研究特别受到重视，主要涉及校园活动载体和志愿服务载体两个方面。

在校园活动载体方面，校园活动因其实践性和渗透性的特点，非常适应大学生的学习特性，并能促进社会主义核心价值观的"内化"与"外化"。谭忠毅在其研究中强调，高校社团活动以其教育维度广泛、接受度高、方式灵活等特点，成为价值观培育的优势载体。郭珍磊指出，节日庆典、竞技比赛、政治纪念等校园仪式活动，作为校园文化活动的重要组成部分，具有显著的德育功能，为大学生价值观的养成提供了有效的载体。

在志愿服务载体方面，学界普遍认为，志愿服务与核心价值观培养在精神诉求、价值追求、文化传承和发展态势上高度契合。志愿服务的道德精神内涵丰富，典型的体验式实践活动方式，为培育核心价值观提供了天然的优势。其自愿性、无偿性等特点，对学生爱国情怀的激发、敬业精神的培养、诚信品质的树立、友善品德的培育具有独特优势。郭孝峰认为，志愿服务通过亲身实践的方式，将抽象理论与具体实践有机结合，创造性地将价值观转化为民众的情感共鸣与自觉追求，成为大学生核心价值观培育的有效载体。也有学者研究以志愿服务为价值观培育载体面临的困境及对策。例如，何晓梅指出，虽然大学生参与志愿服务取得了一定成果，但仍存在学生主体性弱、缺乏理性认识、活动深度不够、缺乏长效机制等问题。沈姣概括了当前以志愿服务为载体培育大学生核心价值观面临的形式化与志愿精神边缘化的传承困境，并强调应着力发挥志愿服务的价值凝聚、导向和外化作用。为破解这些困境，不少学者如闫省省、邱秋云、李阳、邓剑刚等提出从加强宣传、完善机制、搭建平台以及营造志愿文化氛围等多个方面的解决策略。

第四，大学生核心价值观培育路径的研究。学界针对这一议题提出了多元化的建议和策略，主要集中在加强理论教育、创新教育方式、构建健全的制度保障、强化管理服务、有效利用多种教育载体以及优化教育环境等方面。隋璐璐和王洛忠的研究强调改革创新精神的重要性，他们提出通过宣传教育、实践养成、管理服务和组织领导四个方面加强大学生核心价值观的培育。这一观点突出了理论与实践的紧密结合，以及创新方法在价值观教育中的作用。刘川生的观点更侧重于学生主体的作用和教育环境的优化。他认为，应始终发挥学生的主体作用，树立改革创新精神，并不断优化制度和舆论环境，以更好地培养学生的核心价值观。高巍翔和方虹力提出了一个具体的培育路径，即以思想政治教育理论课为主渠道，同时创新培育方式，加强以大学精神为载体的教育，以及构建实践活动的体制机制，这种方法强调理论学习与实践活动相结合的重要性。李春梅等学者着重强调在尊重学生身心发展规律的基础上，从创新教育活动载体和完善教育机制两个方面来推动大学生核心价值观的培育，这突出了教育活动创新的重要性及教育机制的完善。

2. 关于大学生志愿服务的研究

第一，关于当代志愿服务内涵的研究。国内学界对志愿服务的内涵有着清晰的界定，虽然各家表述略有差异，但普遍认同志愿服务具有自愿性、无偿性、服务性和公益性四大特点，这些特点共同构成了志愿服务的核心价值。丁元竹等学者的观点进一步深化了我们对志愿服务的理解，他们认为志愿服务不仅仅是无偿贡献个人的时间和精力，更是推动人类发展、社会进步和社会福利事业的重要方式，这一观点强调志愿服务在促进社会整体发展中的重要作用。余双好的研究从社会关系的角度对志愿服务进行解读，认为志愿服务是一种社会性的公益行为和奉献行为，它不仅仅是个人行为，更是连接个人、社会、国家的重要纽带，这种观点揭示了志愿服务在维系和加强社会联系中的独特作用。沈杰从更深层次的文化和心理角度对志愿精神进行了探讨，认为志愿精神是一种公共服务精神，是能够转化为行动的社会文化，属于价值观念和心理意向的范畴，这一观点强调了志愿服务的精神和文化内涵，展示了志愿服务在塑造社会价值观和心理态度方面的重要性。

第二，关于大学生志愿服务动机的研究。科学地认识志愿服务动机对开展志愿服务活动至关重要，这不仅是实施志愿服务的前提基础，而且有助于针对性地完善志愿服务机制，使之更加高效和有成效。大学生参与志愿服务的动机主要分为两类：利己和利人。利己动机主要体现在促进个人自我发展和情感满足上，是一种务实的理性选择，这种动机促使学生通过志愿服务活动提升自身能力和满足个人需求。利人动机则源于个人的精神和思想层面，是志愿精神的核心所在，这种动机主要体现在个人的兴趣、责任感和同情心等方面。个体志愿行为的延续，离不开利己和利人动机的结合，基于二者之间的矛盾统一，志愿者在追求个人发展的同时，也实现了服务他人的目的，这种互利的状态有利于志愿服务活动的长期持续。一些学者从马斯诺的需求层次理论出发，研究大学生的志愿服务动机。例如，董海军等人认为，亲和、结群、荣誉、奉献、成就、提升等需求驱动着大学生的志愿行为，这一观点揭示了志愿服务动机与个人需求之间的关联。王民忠提出的大学生志愿服务动机模型将参与动机分为五个层次：功利型、被动型、快乐型、发展型、责任型，这一模型提供了更为细致和全面的视角，帮助我们更好地理解和分析大学生参与志愿服务的复杂动因。

第三，关于大学生志愿服务的功能研究。学术界对大学生志愿服务的功能进行深入探讨，主要从志愿精神的内涵出发，归纳三大功能。一是志愿服务的育人功能。它通过思想引导、实践育人和服务于人的特性，提升教育的亲和力、针对性和有效性。大学生志愿服务被视为高校思想政治教育的一个重要载体，被广泛认为是高校德育工作中不可或缺的有效手段。它不仅开拓了德育工作的新局面，而且成为大学生综合素质教育的新课堂、丰富校园文化的新形式以及价值观教育的新途径。二是志愿服务的经济功能。作为一种劳动实践，志愿服务能够创造经济效益，这一点已被安国启等学者通过研究证实。三是志愿服务的社会功能。大学生通过参与志愿服务，不仅参与到社会管理中，还有助于改善人际关系，减少社会成员间的隔阂，增强社会凝聚力。学者李良进从社会学角度出发，指出青年志愿行动是一种重要的社会整合机制，不仅是社会保障系统的补充，也是青年社会化的重要手段和途径。

第四，关于大学生志愿服务发展现状及问题的研究。在中国，大学生志愿服务规模庞大，影响范围广泛，发展速度极快。越来越多的学生不仅参与志愿服务，还接受专业培训，积极弘扬志愿服务精神。大学生的志愿活动为社会各个领域带来了实际的好处，获得广泛的好评，但同时也面临一些不容忽视的问题。刘和忠在分析我国大学生志愿活动的基础上，指出存在需要深入分析和清醒对待的问题，涉及学生自身、志愿组织以及社会三个层面。于明涛的研究从社会支持和基础出发，深入探讨志愿服务的机制、形式、领域、专业性、特征定位以及组织身份等多个方面，揭示了大学生志愿服务面临的问题。韩雪萍指出，在发展均衡性、社会认知度与参与度、资金筹集、管理、培训、激励、评估、注册机制以及政策法律保障等方面，大学生志愿服务还有待进一步完善。

卓高生等人强调当前大学生志愿服务面临的主要困境是学生对志愿服务的认知度低、服务持续性短、信息获取渠道单一以及运行机制不成熟等。

第五，关于大学生志愿服务发展的路径研究。学界对大学生志愿服务路径的研究提出多项建议，涉及思想引领、宣传动员、加强保障、创新形式和内容以及机制建设等方面。在思想引领方面，吕馨怡强调正确引导志愿服务价值观的重要性。她认为，通过有效的思想引导，可以提高大学生参与志愿服务的主动性，从而确保志愿活动的效率和质量。在宣传动员方面，何艳提出应利用大众媒体等手段，让大学生在日常生活中接触到志愿服务相关信息，进而培养强烈的社会责任感和服务意识。在加强保障方面，张扬指出，鉴于目前大多数高校开展志愿活动的资金主要依赖于学校支持，应通过政府补贴、社会捐助和基金组织合作等方式，构建一个由高校、政府和社会三方共同提供支持的志愿服务保障体系。至于创新形式和内容方面，李苏宁提出高校应积极探索适合大学生的志愿服务方式。他建议在听取志愿者意见、充分考虑志愿者感受的基础上，对志愿服务的内容和形式进行创新和改进，通过这种方式，可以更有效地激发学生的参与热情，同时确保志愿服务活动更加符合实际需求。在机制建设方面，当前学术研究成果丰富。不同学者提出各种原则和建议，以促进这一机制的健康发展。李焱等人强调"以人为本"原则，以及根据具体情况灵活应变、追求实效的重要性，这些原则指导我们在志愿服务中重视个人的需求和特点，同时根据不同地区的具体情况调整服务策略，以达到最佳效果。张贵礼提出的原则包括持续性、系统性、组织性和创新性，这些原则强调志愿服务需要长期、有序、有组织地进行，并且不断创新以适应社会发展的需要。王为正提出，大学生志愿服务机制建设需要社会、政府和高校的共同努力，建议建立政府促进、学校扶助和社会协同机制，这有助于实现志愿服务活动的长效化。狄涛在实践调研和深度访谈的基础上指出，科学的志愿服务机制建设应坚持政府主导、学校主体、社会保障协调联动的设计，这强调了不同社会主体在志愿服务中的角色和责任，以及他们之间的协调合作。此外，还有学者在研究和借鉴国外志愿服务运行和管理的基础上，提出对中国志愿服务机制建设的宝贵建议。例如，曹阳、储祖旺在研究美国高校服务学习的基础上，提出优化我国志愿服务机制的建议：坚持以人为本，规范服务流程；打造服务品牌，搭建对接平台；树立互惠理念，完善保障机制。这些建议旨在提高志愿服务的效率和质量，同时确保志愿者和受服务者之间的互利共赢。曾雅丽通过国内外大学生志愿服务的比较研究发现，培育大学生的志愿文化、提升队伍的专业化水平以及完善相关立法是建立和健全大学生志愿服务长效机制的有效手段。胡朝红等人提出从加强立法、政策支持、项目补助三个方面创新大学生志愿服务保障机制的建议，这些措施旨在为志愿服务提供更加坚实的法律和政策基础，确保志愿活动的有效运行和持续发展。李焱、赵庆海、王民忠等学者从领导机制、项目品牌机制、培训机制、激励机制、监督机制、保障机制以及志愿文化建设等方面，提出加强大学生志愿服务长效机制建设的建议，这些方面的创新和加强有助于提高志愿服务的组织化、专业化水平，同时激发志愿者的积极性和创造性。

（二） 国外研究

1.关于核心价值观培育的研究

美国的核心价值观教育在 20 世纪六七十年代开始显著发展，其中包含多种教育理论和实践方法。路易斯·拉斯提出的价值澄清德育理论强调教师在价值观教育中应保持中立，利用分析和评价的方法帮助学生厘清价值观的混乱，并形成适合自己的价值体系。柯尔伯格认为，通过道德讨论法可引导学生判断价值观的好坏，发展他们的道德推理能力，帮助解决道德冲突；通过公正团体法，为学生提供承担不同社会角色的机会，可提高学生的社会道德责任感，培养他们的自主性，从而在一定程度上弥补道德讨论法的不足。20 世纪 80 年代，品格教育运动在美国兴起。这种新的品格教育侧重于特定美德和价值观的培养，如公正、平等、自由等，通过示范和实践等训练方法，引导青少年遵守共同的核心价值观，形成普遍的道德与价值取向，养成良好的品格。在美国，高校普遍设置包含核心价值观的通识课程，如美国历史、西方经济学、公民与法等，以此强化学生的价值观教育。德洛什认为，学校的课外活动也是价值观培育的重要途径，这些活动有助于学生在实践中运用核心价值观，并养成良好品质。此外，托马斯·里克纳指出，核心价值观教育的成功实施离不开学校、家长、政府、社区等多个主体的联动作用。这种多方参与的模式有利于形成全社会共同推进价值观教育的良好氛围，确保价值观教育的深入和有效性。通过这些综合的教育手段和多元的参与主体，美国的价值观教育在提升年轻一代的道德素质和社会责任感方面发挥了关键作用。

2.关于大学生志愿服务的研究

第一，关于大学生志愿服务理论研究。研究主要涉及志愿服务的思想基础、内涵、分类以及管理机制四个方面。首先，志愿服务的思想基础研究指出，西方传统慈善观念是志愿服务兴起和发展的深厚思想基础，尤其受到基督教的影响。基督教徒认为行善是一种"赎罪"的方式，这一信念促进了西方慈善事业的发展。基督教中的"富罪"思想也促使富人用财富帮助穷人，强化了个人的责任和义务意识，从而推动慈善事业的进步。其次，志愿服务的内涵研究显示，不同地区的志愿服务因历史和背景等因素存在差异。英国学者Dunn将志愿服务定义为具有自愿性、无偿性、公益性的社会公益行为。Barker强调志愿服务应面向公共需求，而Wilson将其定义为自由分配时间且无偿的利他活动。联合国教科文组织给出的定义是指人们在非私人场合中，自愿、无偿地贡献自己的时间和专业技术。再次，关于志愿服务的分类研究，学者有多种分类方式。保罗·杰·伊尔斯利将志愿服务区分为正规和非正规两类，而英国学者Stuart总结了英国青年参与的志愿服务类型，包括社区志愿服务、与促进就业相结合的志愿服务、服务弱势群体、推广志愿服务文化等。最后，关于志愿服务管理机制的研究，学者多借鉴企业管理的经验。萨拉蒙提出使用企业的运营和管理模式来开展志愿活动。Nancy主张从战略营销的角度开展志愿服务。同时，学校也制定相关制度来实施管理，如美国将志愿服务计入学生学分考核、日本实施志愿者休学制度和参保制度等。

第二，关于大学生志愿服务参与动机的研究。在动机理论方面，最具代表性的是马斯洛的需要层次理论。在具体针对志愿者行为动机的研究中，早期学者如Erisch和Cerrard将动机分为利他主义动机和自我主义动机。Clary 等人运用功能心理学提供的动机分析模型，将志愿者动机归类为六种：价值、理解、职业、社交、自尊和保护，为我们理解志愿者行为提供更加多元和深入的视角。

第三，关于大学生志愿服务功能的研究。学界普遍认为，大学生志愿服务具有经济、政治、社会和教育四个方面的功能。在经济功能方面，伊尔斯利将志愿服务视为一种具有动机性的社会经济活动，学者 Mark 认为志愿服务的发展水平反映了一个国家的社会资本水平。在政治功能方面，爱德华·希尔斯认为志愿组织能提升成员的责任和合作意识，促进对权利和平等的深刻认识，培养尊重他人的意识，这些都是现代社会公民应具备的美德。志愿服务还为公民提供表达意见的渠道和平台。在社会功能方面，托尼·马歇尔强调志愿部门在促进社会团结和应对社会变迁方面的重要作用，而托克维尔则认为志愿活动能促进社会形成相互关爱、相互协助的风尚。在教育功能方面，Blyth 的研究发现，参与志愿服务超过 40 小时的学生通常拥有更强的处事能力和社会责任感。Peggy 和 Lyndi 通过实证调查发现，志愿服务可以帮助学生正确认识自己，促进心理健康，提高生活的可控度、满意度和幸福感。Jacoby 认为，志愿服务能够使受教育者参与社区实践，一方面将课堂习得的知识技能应用于社会实践；另一方面储备知识、提升实践能力，实现培养人才的目标。

（三）　国内外研究现状述评

国内外学者在志愿服务及大学生核心价值观培育方面的研究成果丰富，这为本书的研究提供了坚实的基础。然而，这些研究领域仍存在一些不足之处。

从国内研究成果来看，学界已经对志愿服务的思想基础、内涵、发展历程、功能以及大学生的参与动机进行了全面而深入的研究。这些研究不仅全面把握志愿服务发展的现状和存在问题，还从多个角度提出合理的优化建议。同时，学界高度重视大学生核心价值观的培育，对培育的有效性给予肯定，并对存在的问题提出中肯的意见和指导。然而，国内对大学生核心价值观培育载体的研究起步较晚，涉及面虽广，但研究深度不足。特别是将志愿服务作为载体的研究方面，一方面，文献数量有限，缺乏系统性的研究；另一方面，现有研究多侧重于实践角度，缺乏从理论上分析价值观形成机理的研究。

在国外研究方面，学界在志愿服务相关理论、功能以及大学生参与动机的研究上成果显著。虽然国外学者很少专门研究以志愿服务作为载体来推动价值观的培育，但在志愿服务教育功能的研究及核心价值观培育方法的研究中可以看出志愿服务与价值观培育之间的特殊联系，这为后续研究提供有益的参考。

同时，我们也应意识到，不同国家对志愿服务及价值观培育的探究，由于各自的历史、国情、社情和民情的差异，因而各有其特点。因此，在大学生核心价值观培育方面，我国需要与国家的经济发展和政治体制相适应，在实践中探索具有中国特色的志愿服务为载体的核心价值观培育路径。当然，在此过程中，我们也应批判性地学习和借鉴国外的有益研究成果，以丰富和完善我们自己的研究。

三、 研究内容、研究思路和研究方法

（一） 研究内容

探讨志愿精神与大学生社会主义核心价值观培育之间的关系，揭示了这两者间的互动与相辅相成的关系，是当前社会发展和教育创新中的一项重要课题。第一，本书将详细分析志愿精神的内涵以及它与志愿服务的联系。志愿精神不仅仅体现为个体对社会的无偿奉献，更深层次地，它是一种全面的价值取向，涵盖了奉献、友爱、互助和进步等核心要素。这种精神状态推动个人在服务中实现自我价值，同时促进了社会的和谐与进步。本书还将探讨志愿精神在大学生中的培育特征和价值意义，突出其在塑造学生综合素质和社会责任感中的作用。第二，本书将深入讨论社会主义核心价值观的概念内涵、历史逻辑及其理论基础，阐释这些价值观在当前中国社会发展中的重要性。社会主义核心价值观强调富强、民主、文明、和谐，倡导自由、平等、公正、法治，推崇爱国、敬业、诚信、友善等价值取向，这些都与志愿精神的基本内容相契合。通过对这两者的理论对接，可以看到志愿服务活动不仅是实践社会主义核心价值观的有效途径，也是大学生理解和内化这些价值的重要平台。第三，本书将探讨志愿精神与大学生社会主义核心价值观之间的内在逻辑关系。志愿精神通过促进大学生在实际活动中的参与，加深了他们对社会责任和民族认同的理解，从而有效地实现了价值观的教育和内化。志愿活动如何帮助学生提升自我认知，加强社会责任感，并在实践中深化对社会主义核心价值观的认同和理解，是本书讨论的重点。第四，深入探讨培育过程中存在的问题。尽管志愿服务在高校得到了一定程度的推广和实施，但仍面临一些挑战，如志愿服务队伍的建设力度不足、活动的覆盖面有限、培育方式的常态化不足以及学生参与的功利性倾向等。这些问题的存在减弱了志愿服务活动的效果和志愿精神的培育深度，需通过对学校、学生、社会和家庭等多方面因素的综合分析，找出问题的根源并提出解决策略。第五，本书将提出志愿精神与大学生社会主义核心价值观培育的有效路径，包括高校加强顶层设计，优化志愿服务机制，使志愿活动更具吸引力和教育意义；学生应加强自我教育，主动培养和实践志愿精神；社会需加强保障力度，营造支持志愿服务的良好环境；家庭也应发挥其基础教育的作用，引导和支持青年学生的志愿服务活动。通过这些综合措施，可以更有效地培养大学生的社会主义核心价值观，促进其全面发展。

（二）研究思路

本书通过国内外学界对大学生核心价值观培育的研究进行了系统的梳理和分析，旨在深入探讨大学生核心价值观的培育重要性、现状以及应用志愿服务作为培育载体的可能性和效果。在研究的初期，通过综述已有的文献，明确了大学生核心价值观培育的理论基础和实践需求，突出了培育这一群体价值观的紧迫性和重要性。这些价值观不仅关系到学生的个人发展，也是社会和谐与进步的基石。尽管目前大学生核心价值观的培育已经取得一定的进展，但仍面临着内容与形式单一、缺乏实践机会、学生参与度不高等问题。针对这些问题，本书进一步探讨了志愿服务的内涵和功能，认为志愿服务作为一种有效的教育和社会实践活动，能够为大学生提供展示自我、实践价值观的平台。志愿服务不仅有助于培育学生的社会责任感、团队协作能力和公民意识，还能在实践中深化他们对社会主义核心价值观的理解和认同。通过对大学生参与志愿服务的动机、当前状况以及发展路径的分析，本书揭示了大学生参与志愿服务的复杂性和多样性，以及影响其参与度的多种因素，如个人兴趣、时间资源、社会影响等。为了更全面和深入地理解志愿服务在大学生价值观培育中的作用和影响，本书采用了实证研究方法，包括问卷调查和访谈调查。通过这些调查，收集了大量直接数据，使研究结果更具说服力和适用性。调查结果显示，志愿服务确实在大学生中促进了社会主义核心价值观的接受和内化，但同时也发现了一些问题，如活动的有效性不足、缺乏持续性支持、参与学生对活动价值的认识不足等。基于理论分析和实证研究的结果，本书最后提出了多层次、全方位的对策，旨在优化大学生社会主义核心价值观的培育过程。这些对策从大学生个人、高校、政府、社会以及家庭五个维度出发，综合考虑各个方面的作用和责任，力求构建一个全方位、多层次的价值观培育体系。通过加强顶层设计，优化志愿服务机制，提升学生参与的主动性和实效性，以及创建更多的实践机会，这些对策旨在为相关各方提供具体的指导和建议，帮助他们在培育大学生社会主义核心价值观方面发挥更大的作用，最终实现志愿精神和社会主义核心价值观在大学生群体中的广泛传播和深入实践。

（三） 研究方法

一是文献研究法。广泛检索和搜集教育学、社会学、心理学、管理学等领域的纸质和电子文献。特别关注"志愿服务""核心价值观培育""大学生核心价值观践行"以及"核心价值观培育载体"等主题，以深入了解志愿服务及大学生核心价值观培育的国内外研究现状。此外，收集相关政府法规、条例，并通过网站与社交媒体了解相关领域的最新动态，这些工作为论文的知识构建、框架设定和思路明确提供理论支撑和参考。

二是问卷调查法。针对大学生群体参与志愿服务的行为及其对价值观的影响进行问卷调查。该调查旨在系统地认识和把握大学生参与志愿服务的行为模式及这些活动对其价值观的影响。通过对调查结果的详细分析，我们可以更深入地了解志愿服务如何影响大学生的价值观。

三是个案调查法。选择4位具有代表性的大学生志愿者作为个案研究对象，深入剖析每个个案的全貌。这种方法使我们全面而细致地了解志愿服务对学生价值观的具体影响，总结成效和不足，为提出改进措施奠定基础。

四是归纳法。通过对问卷调查和个案研究的结果进行总结，本书归纳志愿服务作为大学生价值观培育载体的一般运行情况。这种归纳方法有助于揭示志愿服务在大学生价值观培育中的普遍规律和特点，从而为提出相关对策和建议提供理论和实证支撑。

四、 研究的创新点、重难点

（一）研究的主要创新点

本书的研究创新点在于深入分析大学生志愿服务在塑造个体价值观方面的作用机理，并对高校志愿服务工作进行创新性拓展。

尽管以往的学术研究已经探讨了志愿服务对大学生的价值观产生影响，但对于具体影响机制却缺乏深入的研究。本书则关注其具体功能，强调其爱心奉献、团结合作、自我教育和广泛参与等特征。这些特征不仅是志愿服务活动的表面现象，更是其在个体价值观塑造中所扮演的关键角色。通过爱心奉献，个体在服务他人的过程中培养出对社会的关爱和责任感，这有助于形成积极的社会情感和社会责任观念。团结合作则在培养团队协作精神的同时，促使个体认识到共同努力的重要性，从而形成一种共同体意识，这对于社会主义核心价值观的建构至关重要。在自我教育的过程中，志愿者通过服务活动不仅提升了专业知识和技能，还塑造了积极向上的人生态度，这对于个体的全面发展和成长具有积极作用。广泛参与志愿服务则使个体接触到不同背景、不同需求的群体，促使其更加开放包容，培养出多元化的价值观。这些特征的共同作用使得志愿服务成为一个重要的价值观培育活动载体。

本书也创新性地提出了高校志愿服务工作的新思路。传统的志愿服务项目设计往往过于注重服务本身的实践操作，而忽视了服务活动在教育目的上的深远影响。为此，本书建议从教育的角度出发，精心设计志愿服务项目，以对大学生价值观产生积极影响。这一提议为高校志愿服务工作提供了新的方向，同时有助于提升志愿服务活动的教育效果，使之成为价值观培育的有效工具。通过将志愿服务活动纳入大学生的教育体系中，可以更好地引导学生认识社会、培养责任心和价值观，从而在实践中更好地实现个体价值观的塑造。

总的来说，本书将对大学生志愿服务在价值观塑造方面进行深入剖析，以及对高校志愿服务工作思路的创新性拓展，这不仅丰富了相关领域的学术研究，也为实践中的志愿服务活动提供具有指导意义的新思路。

（二）研究的重点和难点

研究重点包括两个方面：一方面，深入探讨志愿精神与社会主义核心价值观之间的内在联系。研究将详细分析志愿精神在实践中是如何推动和加深社会主义核心价值观的。另一方面，对大学生参与动机、影响因素等进行实证研究。

研究难点：一是实证研究。设计有效且可靠的问卷调查和个案研究是一大挑战。如何确保收集的数据能够准确反映志愿服务对大学生价值观的影响，以及如何从这些数据中提炼有意义的信息和见解，都需要精心的规划和严密的执行。这不仅需要对调查工具和方法有深刻的理解，还要具备良好的数据分析能力。考虑到国外研究和实践经验在本土化应用中的复杂性，跨文化因素的考量成为另一个难点。不同的文化背景和社会环境意味着志愿服务的影响和价值观的形成机制有所不同。因此，在借鉴国外经验时，如何适应中国的文化和社会情境，保证研究成果在本土环境中的适用性和有效性，是一个需要处理的难点。

第 二 章

相关概念和理论概述

一、志愿精神的概念界定和理论论述

（一）志愿精神的概念和内涵

1.志愿精神的概念

在《通用规范汉字字典》中，"志"的含义可以分为多个层面：其一，指的是有志于成就某事的意识形态或者志气；其二，是指记忆，即将某事铭记于心或在脑海中留下深刻印象；其三，可以是一种标识或符号；其四，指记录下来的文字或期刊；其五，作为一种测量单位的名称。在权威工具书《辞海》中，"志愿"被解释为结合了"志向和愿望"的概念，同时也指的是基于自愿并伴随志向的行为。因此，我们可以将"志愿"理解为个人为实现目标和愿望而努力的行为，它是个人内心深处对成就某事的渴望与努力的结合。

2.志愿精神的内涵

要深入理解志愿精神的概念，还应把握其核心内涵：奉献、友爱、互助、进步。

"奉献"。"奉献"是指在不谋求个人利益、不追求物质回报的前提下，志愿者自愿参与社会服务和推动社会发展的活动。这种奉献精神源于志愿者对社会的关切和责任感，他们以自己的时间、努力和技能为社会和他人提供支持和帮助。这样的奉献行为不仅对受益者有着实际的积极影响，也为志愿者本人带来内心深处的满足和快乐，这种体验是无法用物质回报来衡量的。首先，志愿者的奉献精神表现为对社会的无私关怀。他们不为个人私利，而是自觉地将社会责任融入行动中。通过参与各类社会服务项目，志愿者将自身的专业知识、技能和时间投入到为社会提供服务和改善社会问题的活动中，为社会的进步和发展贡献自己的一份力量。其次，志愿者的奉献是一种对他人的真诚关爱。在志愿服务中，他们主动关注、帮助那些需要帮助的人，无论是提供陪伴、关心患者、教育儿童，还是支援弱势群体，都是出于对他人福祉的关心和贡献。这种真诚的奉献让志愿者成为社会中的积极力量，温暖了他人的心灵。最后，志愿者的奉献带来的满足和快乐是一种精神上的收获。在奉献的过程中，志愿者能够感受到无法言喻的内心满足感，因为他们意识到自己通过无私的奉献为社会创造了积极的影响。这种精神上的满足和快乐超越了物质层面，让志愿者深刻体验到善行善举所带来的意义和价值。

　　"友爱"。"友爱"是构成志愿精神基础的核心价值，要求我们以平等的态度对待他人，善于欣赏他们的长处，并在日常生活中践行相互尊重和关爱。友爱超越了种族、性别、年龄、职业和经济地位的差异，是一种能够穿透语言和文化障碍的深层爱意。首先，友爱体现在平等待人的原则上。志愿者在实践中秉持着平等的态度，不论对方的社会地位、经济条件或其他差异，都将其看作是平等的伙伴。这种平等待人的理念让志愿者能够真实地与受助者、合作伙伴建立深厚的友谊，创造一个充满尊重和信任的环境。其次，友爱要求我们善于欣赏他人的长处。在志愿服务中，志愿者注重发现和弘扬他人的优点，而非着眼于对方的不足之处。这种积极的态度不仅促使志愿者更好地理解和尊重他人，也在互动中建立了积极的友谊关系。在日常生活中，实践相互尊重和关爱是友爱的另一体现。志愿者通过关心他人的需求、提供帮助和分享经验，表达了对他人的真挚关爱。这种关爱并不仅仅局限于志愿服务的范围，也渗透到日常生活的点点滴滴，使得友爱成为志愿者在社会中持之以恒的行为准则。最后，友爱超越了种族、性别、年龄、职业和经济地位的差异。在志愿服务中，志愿者不因表面上的差异而对他人产生偏见，而是以一颗包容的心看待所有参与者。这种超越差异的友爱，使得志愿服务成为一个融合各种文化、背景和经历的共同体，增强了社会的凝聚力。

"互助"。这不仅仅是表面上的相互帮助，更是在互助过程中实现自我帮助的一种精神。志愿者在帮助他人的同时，不仅传递着爱与温暖，还激发受助者的同情心。这种"助人自助"的理念不仅帮助受助者克服困难、重建自信，还激发他们加入志愿服务，形成良性循环。首先，互助是一种相互支持的精神。在志愿服务中，志愿者不仅是提供者，也是受益者。互相之间的支持不仅体现在物质帮助上，更体现在情感层面。志愿者通过理解和关心受助者，让他们感受到社会的关怀，形成一种共同面对困难的团结。这种相互支持的精神不仅加强了志愿者之间的联系，也拉近了社会中不同群体之间的距离。其次，互助是一种激发同情心的过程。志愿者通过实际行动向受助者传递着爱与温暖，让他们感受到社会的关爱。这种情感的传递不仅使受助者得到了物质上的帮助，更激发了他们内心深处的同情心。在互助的过程中，志愿者不仅为受助者提供帮助，同时也启发了他们对他人的关爱和同理心，从而促进了社会中爱与关怀的传递。最后，互助的理念包含了"助人自助"的核心思想。志愿者的帮助不仅是给予物质上的援助，更是在激发受助者的内在力量，帮助他们克服困难，重建自信。这种理念不仅使受助者走出困境，更激发了他们对于社会服务的热情。因此，受助者往往会成为志愿者，加入志愿服务的行列，形成一种良性的互助循环。

"进步"。首先，大学生在参与志愿服务的过程中，通过为社会提供服务和支持，促进社会的进步和改善。这种社会层面的进步可以体现为社区的发展、弱势群体的得益，以及整体社会价值观的提升。志愿者通过参与各种社会服务项目，推动社会向着更加公正、和谐、包容的方向发展，为社会变革和进步做出积极贡献。其次，大学生在志愿服务中也体验到个人层面的发展。通过参与志愿服务，个体能够培养和提升多方面的能力，包括但不限于团队协作、沟通技巧、问题解决能力等。同时个体还能够拓展自己的视野，增强社会责任感和使命感。这种全面的个人发展既使志愿者在服务中取得成就感，又为他们的未来职业和生活奠定了坚实的基础。最后，这种"发展"不仅仅关乎志愿者个体和社会，同时对志愿服务活动本身也起到了积极的推动作用。广大志愿者的自觉奉献和不懈努力，形成了一种良好的社会风尚。志愿者们通过自身的实际行动，为社会传递了积极向上的价值观，激发了更多人加入志愿服务的行列，从而形成一种良性循环，推动社会更加向善、向前发展。

（二）与志愿服务的联系

二者之间存在密不可分的关系。

从实践的角度来看，志愿服务是对志愿精神的具体践行。通过积极参与志愿服务活动，个体将自己的理念付诸实际行动，为社会做出实质性的贡献。志愿服务是一种融入社区、服务他人的实际行动，通过亲身经历将爱心、责任和奉献等志愿精神付诸实践。志愿者通过服务活动培养出团队协作、沟通技能等实际操作中所需的素质，同时在实践中深化了对社会问题的认识，开阔了个体的视野。

从理论层面来看，志愿精神是志愿服务的思想基础和价值导向。它涵盖了爱心奉献、团结合作、自我教育和广泛参与等方面的理念，为志愿服务提供了行为的指导原则。志愿精神强调了社会责任感和社会正义观念，通过这些理论指导，志愿者在服务中能够更好地明确自己的目标和方向。志愿精神在推动志愿服务的同时，也为志愿者提供了对社会问题更深层次的思考和认识，促使其在服务中更具有意义。

这两者相互促进。志愿服务既是对志愿精神的实际贡献，也是对志愿精神的验证与实践。同时，志愿精神的深化和传播为志愿服务提供了更为坚实的理论基础和社会支持。志愿服务不仅是一种对社会的回馈和建设，也是个体自我成长和价值实现的重要途径。志愿精神的弘扬，则为志愿服务注入了更高层次的理念和动力，使之更加深入人心，推动着中国社会精神文明的不断发展。

1.志愿服务：志愿精神的现实基础

志愿精神作为志愿者在参与志愿服务过程中培养和提炼出的一种精神品质，是在实际的社会实践中形成的，这种精神不仅是志愿服务活动的内在动力，也是其外在表现的显著方式。在当前社会，随着全球化和信息化的发展，志愿服务对推动社会的文明进步具有重要意义。志愿服务的形式多样，大体上可以划分为两类：一类是在组织化的指导和管理下进行的志愿活动，这种形式通常较为系统和规范，能够有效地确保服务质量和效果。另一类是志愿者自发组织的活动，这种形式更具灵活性和自主性，尤其在应对紧急情况时能迅速有效地作出反应。通过志愿服务，志愿精神得以从理论转化为具体的行动，不仅增强了志愿者对这种精神的理解，也促进了志愿精神本身的发展和丰富。因此，要深入理解和体现志愿精神，必须将志愿服务看作其实现和发展的基础。在社会生活的各个领域，无论是扶贫、救灾、法律援助，还是其他公益活动，这些多样化的志愿服务都是社会实践的重要组成部分，志愿精神正是在这些活动中得到实现和弘扬的。如果缺乏这种实践基础，志愿精神将难以得到充分体现，其存在的价值和意义也将受到影响。可见，志愿服务不仅是展示志愿精神的舞台，也是其发展和深化的必要条件。通过不断地实践和参与，志愿精神能够在社会中发挥更大的作用，促进社会的整体进步和发展。

2. 志愿精神：志愿服务的思想升华

志愿精神是一种基于高尚志向的自发追求，反映人类在思维、意识和心理层面的内在状态。这种精神在志愿服务中得以体现和提炼，它不仅引导人们追求更高的道德境界，也激励着人们的实际行动，成为行善的灯塔。在社会实践中形成的志愿精神，融合了中华民族传统美德和现代雷锋精神，也是对社会主义核心价值观的具体践行。马克思曾谈到，没有实践，便无法产生认识。同理，志愿精神也是在志愿服务实践中逐渐形成的，它是人们参与社会服务活动的直接产物，随着实践的深入不断发展和丰富。志愿精神的形成源于人类社会的实际需求，是志愿服务的原生动力。人们通过参与志愿服务活动，首先获得感性认识。然而，这种认识仅是对事物的片面理解，要深入参透事物的本质，必须实现从感性到理性的转变。

总之，志愿服务不仅是行动的平台，也是精神的熔炉，其中的志愿精神作为从这些服务活动中提炼和概括出来的高尚精神品质，是志愿服务思想的升华。它指导和激励志愿者更好地服务社会，提升志愿服务的品质。

（三）志愿精神的思想借鉴和理论基础

我国的志愿精神拥有深厚的理论根基，即中华优秀传统文化，并以马克思主义理论为根本的理论支撑。这种精神贯穿着中华文化的深层价值观，如仁爱、博爱、和谐与互助等。马克思主义则为我国的志愿精神提供了更加深刻的社会理论解释和实践指导。随着时代的进步，这一精神也在不断吸纳新时代的价值观念和实践经验，被赋予更加丰富和现代化的内涵。因此，中国的志愿精神既是文化传统的继承，也是现代社会理念的创新，体现了中国社会的连续性和发展性。

1. 马克思理论

马克思的观点认为，人的全面发展包括实践活动的全面发展、人的需要的全面发展以及人的能力的全面发展。在大学生志愿服务的培养过程中，这一观点具有重要的指导意义。首先，人的实践活动应当是多样化、灵活变化、整体性的，不应该局限于单一或固定的形式。

在培养大学生志愿精神的过程中，这一点尤为重要。大学生应当参与各种形式的实践活动，以实现自身的全面发展，而不仅仅限于传统的社区服务或帮助弱势群体等单一模式。其次，人的需要是进行社会活动的重要动力之一，也是人类社会活动的前提条件。志愿服务提供了一个平台，让大学生通过参与社会活动，实现自我价值的认同感和社会地位的提升。通过满足他人的需求，大学生在实践中体验到对社会的积极贡献，进而实现自我精神层面的满足。最后，人的能力是实现这些需要的前提条件。志愿服务提供了一个实践的机会，让大学生在服务他人的过程中培养团队协作、沟通表达、问题解决等方面的综合能力。这些能力的全面发展为大学生未来的职业发展和社会参与奠定了坚实的基础。

2. 毛泽东思想

毛泽东特别强调，为人民服务应始终放在最高的利益位置上，全党的奋斗目标应是为最广大人民谋取福利。为人民服务不仅是一种口号或理念，而是要切实为人民群众办实事、谋求实际利益，将人民的安危和幸福放在首位，深入基层了解民众的困难，并努力为他们解决实际问题。新时代大学生参与志愿服务活动时，应积极尽职尽责，避免形式主义，确保活动真正从人民的需求出发，让人民群众真切感受到志愿者的真心实意和带来的温暖。

3. 习近平关于青年志愿精神培育的重要论述

习近平总书记指出："志愿服务是社会文明进步的标志，要在全社会传播志愿精神。"在给"郭明义爱心团队"的回信中，习近平总书记呼吁："希望广大志愿者以实际行动彰显新时代的志愿精神。"

习总书记的指示明确了志愿服务在社会文明进步中的标志性地位，强调了全社会传播和培养志愿精神的紧迫性。因此，我们应当努力在全社会范围内，特别是在青年大学生中深入传播和培养志愿精神，使之成为一种社会共识，为构建更加和谐、美好的社会贡献更多力量。这需要通过多层次、多渠道的培育措施，引导青年大学生积极参与志愿服务，真正将志愿精神融入他们的成长过程，从而为社会的繁荣和进步注入更多积极的能量。

4. 儒家思想

儒家思想深深影响着中国的传统文化。汉字"仁"由"人"和"二"组成，从字形上就体现了"仁"在人际交往中的产生和存在。在《论语·颜渊》中，孔子阐述了"仁"是由个体内在主动性决定的，不受外界力量的控制。孔子说："仁远乎哉？我欲仁，斯仁至矣。"意为"仁"并不遥远，只要个体内心向往，就能够实现。这表明，在孔子看来，"成仁""求仁""得仁"完全取决于个人的主动追求。因此，"仁爱"在孔子的思想中并非仅限于个人的私人情感，而是指对所有独立个体的广泛关爱。

在当代社会中，每个个体都是社会大集体的一部分，个人的生命价值和发展离不开社会的支持和融入。这种思想与当代的志愿精神有着异曲同工之妙。新时代的大学生志愿精神同样强调自主自愿的重要性，倡导大学生自觉自愿地加入志愿者队伍，而不是受到强制。这种自发性的志愿精神符合儒家"仁者爱人"的思想，强调个体的自主性和对社会的积极贡献，从而保证志愿精神的持久和深入发展。

"仁"强调个体内心的追求和自觉，这与新时代大学生志愿精神的核心理念相契合。在孔子看来，实现"仁爱"不仅是对他人的关爱，更是对个体内在追求的满足。这种强调个体自主性的思想为志愿精神提供了深刻的哲学基础。在当代社会，大学生志愿精神的倡导同样注重个体的自觉和自愿，强调每个大学生都应该从内心深处认同和践行社会主义核心价值观，而不是出于外在压力或强制。

"仁"并非仅限于个体的私人情感，也注重对他人的关爱，这一理念在当代大学生志愿精神中体现得淋漓尽致。大学生志愿者通过参与各类社会服务活动，表达对他人的关切和爱护。这种对社会弱势群体的关爱体现了儒家思想中"仁者爱人"的核心思想，将传统文化的价值观在当代得以生动实践。通过志愿服务，大学生将儒家"仁"的理念注入实际行动，将爱心和责任传递给社会，推动社会的共同进步。

可见，儒家思想中的"仁"理念与当代大学生志愿精神的核心价值有着深刻的契合。个体内心的追求和自觉、对所有独立个体的广泛关爱、关注社会公共事务以及对他人的关爱，这些儒家思想的核心理念在当代大学生志愿精神中都有所体现。通过深入理解和践行儒家思想，"仁"的精神将在当代大学生志愿者的行动中焕发新的生命力，为社会的发展注入更多的正能量。

5. 西方文化中的慈善思想

古希腊的"至善"思想是西方志愿精神的重要思想源泉之一，为后来志愿服务理念的形成和发展奠定了深厚的文化基础。亚里士多德的"至善"思想为西方志愿精神注入了深刻的人性关怀。亚里士多德通过对德行的探讨，强调了善良与思想品德的密切关系。他认为，心怀善意的人在危难时刻愿意无私救助他人，乐于助人且不求回报。这种善良的表现与现代志愿精神所倡导的奉献、互助价值观有着深刻的共通之处。亚里士多德的思想为后来的志愿服务提供了道德的引领，将奉献和无私助人视为人类最崇高的行为，成为志愿服务理念的源头之一。

基督教的博爱思想在西方文化中扮演着举足轻重的角色，为早期志愿精神的形成提供了深刻的哲学基础。基督教教义中强调无差别、平等的爱，鼓励信徒之间的互爱和慈善行为。基督徒被教导要以爱心和奉献的精神去关爱他人，不计较差异，将每个个体视为上帝所创造、无条件值得被爱的。这样的思想观念为后来的志愿服务理念提供了深刻的宗教支持，培养了志愿者在服务中的真挚关怀和无私奉献的品质。

文艺复兴时期的人文主义慈善意识也对志愿精神有所贡献。在这一时期，人们开始重视人的尊严和价值，倡导以人为中心，关注个人的自由、平等和幸福感。这种慈善意识中的人文主义色彩，强调人们在平等的基础上互相提供关爱。人文主义的理念成为志愿服务的思想基石，使之更加注重个体的需求，强调在服务中体现对每个个体的关心与尊重。

这些思想的传承与发展，为当代志愿服务理念的塑造和大学生志愿精神的培育提供了深刻的启示。通过汲取这些思想的精华，我们能够更好地理解和引导新时代大学生的志愿服务行为，使之更富有深度、内涵，为社会的和谐发展注入更为深远的动力。

（四）大学生志愿精神培育的特征和意义

1.大学生志愿精神培育的特征

志愿精神，蕴含着深厚的道德性、显著的价值性、鲜明的实践性和持续的发展性。在当代社会中，大学生成为志愿者队伍中不可或缺的力量。他们身上不仅展现了志愿精神的普遍特征，还因其群体的独特性，在志愿服务中表现出特有的特征，包括对新事物的快速接受和应用能力。例如，利用数字技术进行社会服务，以及具备创新思维和较强的学习能力，为志愿服务提出创新方案。这不但丰富了志愿精神的内涵，也为社会发展注入了新的活力。

进步性。作为中国志愿服务队伍的中坚力量，当代大学生志愿者在志愿精神的引领下，深刻理解自身对国家和社会的责任。他们不只在学术上追求卓越，更将此热情延伸至社会贡献。从基层社区到国际援助，他们的参与广泛且深入，将志愿活动转化为思想与文化的交流，为服务项目增添创造性和吸引力。在这一过程中，大学生不断学习成长，通过各种社会实践提升自身的社会适应力、人际沟通技巧及批判性思维。如今，大学生志愿服务的范围正日益拓宽，涵盖文化交流、国际援助、科技创新等新兴领域。他们所展现的志愿精神，对提升公民道德素质和推动社会和谐发展具有深远影响。他们的行为不仅实现了个人价值，更对社会进步做出显著贡献。

示范性。作为当代中国的主力军，大学生志愿者将"志愿者"这一身份视为自我认同和行为准则的一部分，而非临时性标签。他们在多元化志愿活动中，不仅丰富了自己的人生经验，更提升了个人魅力，塑造了与众不同的人生轨迹。这种投身社会服务的精神，是整个社会学习的典范。同时，这一精神与社会主义核心价值观中的德育目标高度一致，引领着社会发展的主流，激励更多群体参与到志愿行动中。大学生志愿者的行为不仅构建了成熟的社会价值观体系，还在无形中为社会提供了模范事例，推动了社会道德的新风尚。总体而言，大学生的志愿精神不仅为个人发展提供了宝贵的机遇，更为社会和谐与进步注入了新的活力。

时代性。在这个日新月异的数字化时代，大学生以他们对新鲜事物的高度接受度、对前沿科技的快速掌握和运用展现与时俱进的志愿精神。他们通过网络平台如腾讯公益、新浪公益等，积极拓展志愿服务的范围，将志愿活动从传统形式带入数字时代。这种转变不仅使志愿服务覆盖更广的社会领域，还赋予志愿活动新的动力和意义。大学生利用这些平台宣传志愿精神、发布求助信息，借助网络的力量，将志愿服务的理念深植人心。这种时代特征的体现，不仅是对传统志愿服务方式的延续和发展，更是对数字化时代的积极回应。大学生志愿者通过创新的途径和方法，将志愿服务的影响力推广至更广阔的社会层面，彰显他们适应并引领时代潮流的能力。

持续性。在充满活力的大学校园里，新生的到来和老生的离去成为一种常态，但这并未阻碍志愿服务精神的传承。每一届踏入校园的年轻学子继承前辈的薪火，将志愿者精神持续发扬。在参与各类志愿活动中，他们不仅为社会贡献自己的力量，也在这一过程中获得个人的成长。古话说："助人者自助。"这一理念在志愿服务中得到完美体现。激励人心的志愿者精神深刻地影响着每一位志愿者，不仅成为他们青春时期的美好回忆，更是成为终身受益的宝贵财富。随着一代代大学生的努力，志愿服务已超越单纯的活动形式，成为校园文化的重要组成部分，塑造时代文明的新风尚。这种精神文化的传播不仅影响和塑造着大学生，也让他们在奉献中成长，成为社会的有用之才。如此，这股志愿服务的力量将继续在校园中传承，影响更多的年轻人，成为推动社会不断发展的重要动力。

2.大学生志愿精神培育的价值意义

第一，提高大学生的道德素质。首先，大学生能够在服务他人和奉献社会的过程中实现个人价值，提升道德水平。当代大学生常常面临无聊、郁闷和空虚等心理问题，志愿精神的培养有助于他们寻找生活的意义，内化社会主义核心价值观，并培养高尚的道德情操。其次，志愿精神能够提高大学生的现代公民意识和社会责任感。志愿服务常涉及解决社会问题、关心弱势群体、推动社会进步等方面，这些活动不仅使大学生直接感受到社会问题的存在，还促使他们思考如何为社会贡献自己的力量。在志愿服务中，大学生逐渐形成对社会的责任感，认识到自己应当为社会发展、为他人的幸福付出努力，培养了积极的社会责任观念。最后，志愿精神有助于爱国情感的增强。通过参与志愿服务，如支援西部、参与抗震救灾等活动，大学生能够在实践中培养和强化爱国主义情感，进一步弘扬爱国主义精神。

第二，扩展社会主义核心价值观的影响。首先，提供广泛的群众基础。通过志愿服务这一平台，大学生被聚集起来，形成强大的合力，共同推动这些价值观的普及和内化。其次，提供精神支撑。在我国经济社会改革的关键时期，面对全球化带来的挑战和多元价值观的冲击，大学生志愿精神的培养能够激发大学生将自己的能力和爱心贡献给社会，从而更深刻地理解社会主义核心价值观中关于责任担当的要求，形成为社会贡献力量的信念。最后，提供动力支持。榜样的力量是无穷的，道德楷模如丛飞的无私奉献精神激励更多人参与志愿服务。培养大学生的志愿精神，能够促进这些优秀价值观在整个社会中的实践和传承。

第三，构建社会主义和谐社会。当前，大学生虽在外貌上成熟，但其思想仍在形成阶段，易受错误思潮和不良文化的影响，导致观念冲突、迷茫和焦虑，情绪容易激动，甚至产生极端行为。志愿精神的培育，能够帮助大学生平和心态，积极面对生活挑战。志愿服务不仅能提升大学生的思想觉悟，还能促进他们乐观、宽容地对待问题与挫折。同时，通过志愿活动，大学生能深刻感知社会现状，体悟人间真情，感受帮助他人的快乐，从而培养坚强勇敢和敢于担当的精神。这些体验有助于消解不良情绪，促进个人心态的平和，同时也为构建和谐社会做出贡献。总之，志愿精神的培育既有利于个人心理健康，也可促进社会的整体稳定和发展。

二、大学生社会主义核心价值观的概念界定和理论论述

（一）社会主义核心价值观的概念和内涵

党的十八大报告强调："倡导富强、民主、文明、和谐，倡导自由、平等、公正、法治，倡导爱国、敬业、诚信、友善，积极培育和践行社会主义核心价值观。"深刻阐释了社会主义核心价值观的基本理念

和内涵实质，展现了强大的引导力、凝聚力和感召力。

社会主义核心价值观，作为现代中国社会的道德和精神导向，涵盖国家、社会及个人三个层面，每一层面均紧密关联着中国特色社会主义的发展需求与期望。

国家层面的价值目标包括富强、民主、文明与和谐，直接关系到中国现代化的全面目标设定。富强不仅涉及经济的繁荣与增长，还包括科技的进步和国家实力的提升，这是国家繁荣的显著标志。民主关注政治参与度的提高，确保公民能通过多样化途径参与国家与社会事务的管理。文明强调精神文化建设，推动公民培养良好的文化素养与道德行为。和谐强调社会内部和人与自然之间的协调发展，推动构建一个稳定共生的社会环境。

社会层面的价值观，如自由、平等、公正及法治，反映出人民对理想生活状态的追求。自由保障个体思想和行动的自主性，是现代社会的根本要求。平等指出在社会、经济和法律面前人人平等，保证公民享有平等的权利和机会。公正强调在社会各领域中实现真正的公平，尤其是法律的公平执行，确保公民在一个公正的环境中生活和工作。法治是社会运作的底线，确保国家机构和社会行为都严格依法进行，维护秩序与正义。

个人层面的价值观则包括爱国、敬业、诚信和友善，它们是塑造公民个人品德的基石。爱国体现为个人对国家的忠诚与热爱，是价值观的核心。敬业突出在职业生涯中的投入与献身，对职业成长和社会发展非常重要。诚信作为人际交往的黄金准则，是赢得他人信任与尊重的关键。友善则是维护社会成员间和谐相处的重要行为准则，有助于增强社会的团结和稳定。

在这一价值体系中，高校通过融合理论教学、实践活动及校园文化建设，将这些核心价值观深植于学生心中，不仅能帮助学生深入理解这些价值观，也激励他们将其应用于实际生活和未来的职业规划中，从而为培养未来社会的建设者和领导者奠定坚实的价值观基础。

（二）社会主义核心价值观的历史逻辑

社会主义核心价值观与中国传统文化有着深度的交融与相通。一方面，社会主义核心价值观实际上是中华传统文化的现代表达，它在传承中国悠久文化遗产的同时，也对其进行现代化的发展和创新。另一方面，中华传统文化中蕴含的丰富和独特的理念为社会主义核心价值观提供重要的思想源泉。因此，在培育社会主义核心价值观的过程中，我们需要注重从中华优秀传统文化中吸取精神营养。

二者诸多理念在精神实质上可实现深度融合。例如，中华传统文化中流传的"天下兴亡，匹夫有责"和"大道之行，天下为公"等古语，不仅彰显中华民族自古以来的爱国主义精神，更强调个人责任感和对公共利益的关注。又如，"先义后利"对义与利关系的深刻理解，有助于抑制在市场经济条件下可能出现的拜金主义倾向，也为纠正过度私利化的偏向提供强有力的文化支撑。

新中国成立初期，面临来自西方帝国主义的严峻挑战，传统的爱国主义思想成为抵御外来威胁、保护国家领土完整的精神动力。特别是在抗美援朝战争中，中国人民志愿军的壮举，不仅是对保家卫国、维护世界和平的庄严承诺，也向世界昭示了中国人民的不屈精神和坚强意志。抗美援朝精神是中国精神的重要组成部分。

在社会主义建设时期，为了彻底改变一穷二白的国家面貌，全体中华儿女展现出艰苦奋斗精神。北大荒精神体现了在艰苦条件下人们勇攀科技高峰的决心；铁人精神展现了个体在极端环境下的坚毅和拼搏；红旗渠精神则反映了人民群众在艰苦岁月中为改变自身生存状况而付出的努力。这些精神样板的诞生，不仅在当时激发了人们的斗志，更在历史长河中留下了珍贵的精神财富。

在新时代，我们应当以党的坚强领导为核心，对这些精神样板进行继承与创新，深入贯彻社会主义核心价值观，成为这一时代的优秀传承者。

（三）社会主义核心价值观的理论概述

1. 中华优秀传统文化

习近平在党的十九大报告中指出："深入挖掘中华优秀传统文化蕴含的思想观念、人文精神、道德规范，综合时代要求继承创新，让中华文化展现出永久魅力和时代风采。"这一指导思想明确了中华文化在现代社会的重要作用，即在保持其永恒魅力的同时，也要展现适应新时代的特质。中华民族的价值观历经数千年，其中的核心要素如爱国主义、道德修养、诚信等，反映了民族传统价值的深刻内涵。新时代社会主义核心价值观，是这些传统价值与时代特征的有机结合。我们要不断汲取传统文化的精华，对其中的适应性价值观精髓进行提炼，从而促进社会主义核心价值观的完善和发展。

2. 革命文化

革命文化承载了中国共产党领导下的伟大历史，其中包括无数英勇的革命先辈的事迹。通过深入挖掘和宣传这些英雄事迹，可以不断提升大学生对革命先辈的认识，激发他们对社会主义事业的责任感和担当精神。这种对革命文化的深入了解，有助于培养大学生热爱祖国、热爱人民的情感，进而在新时代的历史进程中发挥更加积极的作用。同时，通过深入研究和弘扬革命文化，可以引导大学生树立正确的历史观，激发他们的家国情怀，使之成为社会主义建设的积极参与者和推动者。大学生也可以从中汲取奋发向前、不畏艰险的精神力量，为社会主义现代化建设事业注入新的活力。总之，革命文化是中国特色社会主义文化的重要组成部分，是中国人民在革命斗争中所创造的宝贵文化遗产。通过对这一文化的传承，可引导大学生在新的历史条件下深刻理解革命先辈的崇高精神，将其融入自己的成长过程，不断提升文化自信和家国情怀，为中国特色社会主义事业做出更大的贡献。

3. 社会主义先进文化

社会主义先进文化作为一种引领发展方向的文化形态，其紧密围绕全面建设小康社会这一宏伟目标展开。在这个过程中，文化不仅是传承和弘扬民族精神的载体，更是推动社会进步和提升国家整体素质的引领力量。社会主义先进文化通过对民族文化的继承与创新，努力引导人们形成正确的世界观、人生观、价值观，推动思想观念的更新和发展。这种文化动力的核心表现在思想解放、实事求是、与时俱进、开拓创新等方面。社会主义先进文化鼓励人们敢于思考、勇于创新，弘扬实事求是的精神，推动社会在理论、制度、文化等多个层面的进步。通过在科技、教育、艺术等领域的创新，社会主义先进文化不断为中国社会的全面建设注入新的动力，推动社会向着更为文明、富裕、和谐的方向迈进。社会主义先进文化与社会主义核心价值观的关系密不可分。社会主义核心价值观是对社会主义先进文化的集中体现，是对先进文化所体现的社会理念和价值取向的高度概括。在实践中，社会主义先进文化通过对社会主义核心价值观的引领，不仅培育着社会主义事业的合力，也为每个人提供了实现自身价值的指导方针。这种相辅相成的关系，使得社会主义先进文化和社会主义核心价值观共同构筑了强大的社会主义意识形态体系，为国家的全面发展和人民的全面幸福奠定了深厚的文化基础。

（四）社会主义核心价值观培育新发展

1.党和国家：高度重视

新时代以来，党和国家高度重视大学生社会主义核心价值观的培育与践行，习近平总书记为之进行了一系列内涵丰富的重要论述，为大学生价值观培育提供了重要指导和支持。

首先，社会主义核心价值观作为中国特色社会主义的价值体系，是在全党全军全国各族人民长期奋斗实践基础上形成的，是中国共产党集体智慧的结晶，具有深厚的历史渊源和文化传承。习近平总书记在论述社会主义核心价值观的内涵时，强调了其"富有中国特色、民族特色、时代特色"的特点，明确了其蕴含的爱国主义、集体主义、社会主义等基本原则。这使得社会主义核心价值观在培育大学生的过程中具有鲜明的时代特征和鲜明的国家标识，有助于引导大学生在理论认知上深入理解和接受这一价值观。

其次，社会主义核心价值观在大学生中的培育需要多方面的支持和引导。习近平总书记强调了党和国家要加强对大学生的思想政治工作，深入推进社会主义核心价值观在教育系统中的贯彻。这包括要在教材、课程、教学内容中融入核心价值观，引导学生在学习学科知识的同时树立正确的价值观念。同时，要通过各类活动、社团组织等途径，使学生在实际中能够感受到核心价值观的魅力，理解其实践意义。这一系列的引导和支持措施为大学生在日常学习和生活中深入理解、接受和践行社会主义核心价值观提供了重要保障。

再次，习近平总书记对社会主义核心价值观的主体进行了明确定位，强调要培育担当民族复兴大任的时代新人。他指出，社会主义核心价值观的主体是全体中国公民，其中特别是广大青少年、大学生，是价值观的"接班人"和"继承人"。这为大学生成为社会主义核心价值观的主体提供了明确的任务和责任。大学生身处学习成长的关键时期，他们的认知水平、思维方式、价值取向都在不断塑造中。因此，将大学生作为核心价值观的培育主体，对于构建社会主义核心价值观的长效机制和培育具有正确价值观的新一代大学生具有重要意义。

最后，习近平总书记在论述社会主义核心价值观的理论和实践时，强调了要通过教育引导和社会实践相结合的方式，促使大学生在实践中更好地理解和领会核心价值观的真谛。这为大学生在校园中的实践活动和社会实践提供了明确的指导，要求大学生在参与各类实践活动的过程中，通过亲身经历去感受社会主义核心价值观的深层内涵，理解其在实际生活中的实质意义。

2. 高校工作：取得一定成效

一方面，在新时代的背景下，高校充分发挥校园文化的育人功能，通过组织相关主题教育活动，将中华优秀传统文化、革命文化和社会主义先进文化元素融入其中。这不仅丰富了校园文化的内涵，而且为大学生提供了深入学习和体验这些文化的机会。在这样的教育氛围中，学生积极探索和理解中华优秀传统文化、红色文化和革命文化，进而在这些文化的熏陶下，形成正确的世界观、人生观和价值观。

首先，通过举办主题教育活动，高校为学生提供了深入了解中华文化传统的机会。这些活动包括传统节日庆祝、书法、绘画、音乐等文艺活动，使学生在参与的过程中感受到中华文化的博大精深。通过与传统文化接触，学生能够对中华传统价值观有更深刻的理解，增强对中华传统文化的认同感。其次，高校通过组织红色文化教育活动，引导学生深入了解革命文化。这包括参观革命历史陈列馆、举办纪念活动、邀请革命老区的老党员进行交流等形式。通过这些活动，学生能够亲身感受到革命先烈的英勇事迹，了解中国共产党的奋斗历程，激发对祖国的热爱和对社会主义核心价值观的认同。同时，高校在校园文化建设中还注重融入社会主义先进文化元素。通过邀请社会各界的专业人士、学者进行讲座、研讨会，引导学生了解当代社会发展的先进理念和科技进步的成果。这有助于学生拓宽视野，更好地融入社会主义核心价值观所倡导的创新、进步、和谐的精神内涵。这种全方位的校园文化育人方式，使得大学生成为具有丰富文化底蕴的青年一代。在这样的教育模式下，学生不仅能够传承和弘扬中华优秀传统文化，而且能够树立正确的历史观念，形成正确的价值观念，为其未来的发展奠定坚实的文化基础。

另一方面，在网络新媒体迅猛发展的时代背景下，新时代高校主动从大学生的思想接受方式出发，积极主动地运用网络信息渠道宣传和弘扬社会主义核心价值观。依托网络新媒体平台，高校改进传统教育实践中陈旧的话语方式，通过运用新时代的网络言语，改变了文风和话语表达方式，进一步扩大了主流思想和社会主义核心价值观在青年大学生中的影响力。首先，高校通过网络平台有效传播社会主义核心价值观的理念和精神。在信息传播日益迅速的今天，利用网络新媒体平台具有广泛覆盖和快速传播的特点，高校能够迅速传达社会主义核心价值观的核心理念。通过精心策划的网络宣传活动，如微博、微信公众号等社交媒体平台的宣传推广，高校能够将社会主义核心价值观深入人心，使之成为大学生思想的重要组成部分。其次，高校利用网络新媒体广泛覆盖和互动性强的特点，开展丰富多样的在线教育活动。通过网络论坛、微课堂、在线竞赛等形式，高校能够增强教育的趣味性和吸引力，使学生在轻松愉快的氛围中更好地接受社会主义核心价值观的教育。这种形式的教育不仅符合大学生对多样化、互动性教育方式的需求，而且更贴近学生的生活和兴趣，有助于社会主义核心价值观的更好传播。通过网络平台进行的在线竞赛和互动活动，不仅能够激发学生的学习兴趣，而且能够促使学生在活动中深入思考和交流，从而更好地理解和接受社会主义核心价值观。这样的教育方式不仅提高了教育的实效性，而且更好地满足了大学生群体的特殊需求，使其在网络时代更加深刻地理解和认同社会主义核心价值观。

3. 大学生：知行结合

在新时代，大学生已经积极主动地加强了对社会主义核心价值观的理论知识学习。这一过程并非是简单地在教室里听课，而是一个深入思考、自觉学习的过程。大学生通过参与高校教育体系中相关课程和思想政治理论课，深入研究相关文献和理论，逐渐建立了对社会主义核心价值观的深刻认识。通过这样的学习，他们已经系统地学习了社会主义核心价值观的历史渊源、理论基础和实践要求。这不再只是课本知识，而是已经在他们的思维深处扎根的理论认知。

在高校的教育体系中，大学生通过参与各类社会实践活动，深化了对社会主义核心价值观的理解。这些实践活动不仅仅是简单的课外作业或者义工活动，更是一次次深入社会、深入实际的历练。通过实践，大学生逐渐认识到社会主义核心价值观在解决实际问题、推动社会发展中的作用。这样的学习不再是单一的知识获取，而是一种在实践中不断迭代和升华的过程。

新时代的大学生已经将社会主义核心价值观作为自身的价值标准和行为准则。这并不仅仅停留在理论上的认同，而是在个体层面上对价值观的深度把握和内化。通过自我反思和深入思考，大学生深刻理解了社会主义核心价值观对个人发展和社会进步的积极意义。这意味着他们不仅仅是在教室里听课，而且是在思考如何将这些理念融入自己的日常生活。

在日常生活中，大学生已经注重培养良好的道德品质。这并非是被动地接受道德规范，而是一种自觉的追求。关注社会公益事业、倡导团结互助的社交风格，这些行为都已经成为他们日常生活中的自然表现。通过积极参与社团组织、志愿服务等实践活动，大学生已经形成了自身的价值追求。这不再只是理论上对某种观念的认同，而是通过实际行动在价值观上的坚定立场。

最重要的是，新时代的大学生已经主动践行社会主义核心价值观。知行合一，实践是检验理论认识的最终标准。通过实际行动，大学生已经将社会主义核心价值观贯彻到了生活的方方面面。在学术研究上，大学生选择关注国家需求、社会问题的研究方向，为社会发展提供智力支持。在工作岗位上，他们积极履行社会责任，倡导团队协作，促进社会和谐发展。在社区服务中，他们关心弱势群体，传递社会正能量。通过参与公益活动、社会实践、创业创新等方式，大学生用实际行动为社会主义核心价值观的实现贡献了自己的力量。这一切的实践行动不再是简单的对理论知识的应用，更是对社会主义核心价值观的真实践行。

可见，大学生已经在知行结合的过程中取得了显著成就。他们已经在理论知识学习、将核心价值观内化为个人的价值标准和行为准则、在实际生活中主动践行等方面展现出了坚定的信仰和实际行动。这一切使得他们不仅在个人发展上取得了全面的进步，更为社会主义事业的长足发展和国家的繁荣做出了积极的贡献。知行合一，已然成为新时代大学生的精神追求。

第 三 章

志愿精神与大学生社会主义
核心价值观的内在逻辑关系

一、志愿精神与大学生社会主义核心价值观同向而行

（一）根植于中华优秀传统文化

中华优秀传统文化作为中华民族的精神支柱和道德指南，承载着数千年的历史积淀，至今仍对中国人的思想和行为产生深远的影响。这一文化遗产不仅是历史的传承，更是当代社会主义核心价值观的重要基石，已经深深融入中华民族的"基因"，根植于每个中国人的内心，无形中塑造着我们的思维方式和行为准则。儒家的"仁爱"思想强调对他人的关爱，墨家的"兼爱"和"非攻"提倡普遍的爱与和平。这些理念不仅在指导着个体的日常行为，也在更广泛的社会层面上，如促进社会和谐、增强社区凝聚力等方面发挥着至关重要的作用。

首先，中华优秀传统文化是一种历史传承，植根于数千年的文明历程。这一文化涵盖了儒家、道家、墨家、诸子百家等多元而丰富的思想体系，形成了独特的价值观念和道德准则。儒家强调的"仁爱""礼治"，道家主张的"无为而治"，墨家提倡的"兼爱""非攻"等理念都成为中华传统文化中的瑰宝。这些理念贯穿中国古代社会的方方面面，影响了政治、经济、伦理等各个层面，为中华民族的发展提供了深厚的文化底蕴。

　　其次，这一传统文化在当代社会中仍然具有活力，不仅为社会主义核心价值观提供了深刻的滋养，而且在现代社会中得到了新的诠释和应用。儒家的"仁爱"、墨家的"兼爱"和"非攻"等理念并没有因时光的推移而失去生命力。相反，通过志愿服务等实践活动，这些传统文化理念得到了新的注解和实践。志愿服务作为一种具体而有意义的社会实践，不仅是对传统文化的传承，更是对当代社会的回应。儒家的"仁爱"、墨家的"兼爱"和"非攻"等理念通过志愿服务的实践得到了具体应用，使得这些古老的智慧焕发出新的光芒，服务社会、造福他人成为当代大学生的社会责任和义务。

　　最后，这一传统文化与社会主义核心价值观的结合为中国特色社会主义的发展提供了坚实的文化基础。社会主义核心价值观强调爱国、敬业、诚信、友善等价值导向，而这些与传统文化中的爱国主义、仁爱、诚实守信等理念有着深刻的共鸣。通过将传统文化与社会主义核心价值观相结合，我们更能够在面对全球化和现代化的挑战时，坚守自身的文化特色和价值观念。这种文化融合不仅体现了中华传统文化的博大精深，也为现代社会赋予了更具活力和包容性的价值取向。

　　在这一融合中，我们看到传统文化与社会主义核心价值观在共同助力中推动社会的进步。儒家强调的家国情怀与社会主义核心价值观中的爱国主义相契合，墨家提倡的兼爱理念与核心价值观中的友善互助相统一。这种融合既是对传统文化的传承，也是对当代社会的创新，为中华民族的文化自信和国家的可持续发展注入了新的活力。

　　总体来说，中华优秀传统文化是社会主义核心价值观和志愿精神的共同源头。通过历史的长河传承下来，在现代社会中得以新的应用和发展，成为指导中国人思想和行为的重要力量。通过对这一文化遗产的深入理解和实践，我们可以更好地构建和谐社会，推动社会主义核心价值观深入人心。这一融合既是对传统文化的传承，也是对当代社会的回应，为中华民族在世界舞台上展现出更为独特的文化魅力提供了有力支持。在这样的文化传承和发展中，中华民族将更加坚定地走向未来，迎接更加光明的社会前景。

（二）价值追求目标保持一致性

社会主义核心价值观与志愿精神在价值追求上展现出高度一致性。这一一致性不仅表现在理念层面，更在实践中形成了深刻的互动关系。社会主义核心价值观作为中国特色社会主义的价值体系，强调的是全面的、协调的、可持续的发展，其根本目标是推动中国社会朝着更为公正、平等、和谐的方向发展。志愿精神则是这一目标在实践中的具体体现，通过志愿者的实际行动，将社会主义核心价值观的理念转化为具体的社会实践，促进社会的和谐与进步。

首先，社会主义核心价值观的倡导旨在激发社会精神力量，促进社会的和谐。社会主义核心价值观强调爱国主义、集体主义、社会主义等基本原则，通过这些核心价值观的引领，人们在追求个人幸福的同时，更注重集体的共同利益，积极投身到社会发展的大潮中。志愿精神作为实践社会主义核心价值观的方式之一，通过志愿者的无私奉献、服务他人的实际行动，不仅在个体层面激发了社会责任感和公益意识，也在集体层面促进了社会的共同进步。志愿服务活动的展开，旨在通过个体的微小贡献积累起社会的巨大力量，从而推动社会向更高层次的和谐迈进。

其次，志愿精神是社会主义核心价值观在实践中的具体体现，通过志愿者的实际行动，将理念转化为社会实践。社会主义核心价值观提倡的是以爱国主义、集体主义、社会主义为核心的全面价值体系，而志愿精神则是这一体系在具体实践中的具体展现。通过志愿服务，人们将理念付诸实践，将抽象的价值观转化为切实的行动，使社会主义核心价值观的理念深入人心。志愿者以实际行动传递着社会主义核心价值观的理念，为社会的和谐进步注入源源不断的正能量。

最后，志愿精神通过其公益性、实践性和非营利性的特质，在促进社会和谐、提升公民责任意识和促进道德建设方面起到至关重要的作用。志愿服务的公益性质使之成为社会主义核心价值观实践的生动载体。志愿者通过参与各类服务活动，为社会贡献自己的力量，推动社会各个领域的良性发展。这种无私奉献的实际行动不仅满足了社会中弱势群体的需求，更是通过对公益事业的支持，提升了整个社会的道德水平。志愿者通过各种服务活动，不仅帮助需要帮助的人，更是传播积极向上的社会价值观，将社会主义核心价值观的理念融入实际行动中。

在志愿服务中，弘扬社会主义核心价值观的同时，志愿者也在实践中提升了自身的思想道德水平。通过亲身参与社会实践，志愿者在服务过程中不仅培养了团队协作精神、沟通能力等社会交往技能，也锤炼了坚韧不拔、勇往直前的意志品质。这样的实践不仅是对社会主义核心价值观的践行，也是对个体自身道德水平的提升，使志愿者成为更加有担当、有责任心的社会成员。

综上所述，社会主义核心价值观与志愿精神在价值追求上表现出高度一致性。社会主义核心价值观提倡全面发展、和谐社会的理念，而志愿精神通过实际行动将这一理念付诸实践，促进社会的和谐与进步。志愿者的无私奉献、服务他人的实际行动，不仅体现了社会主义核心价值观的理念，也在推动社会和谐、提升公民责任意识和促进道德建设方面发挥了至关重要的作用。

（三）志愿服务是有效载体保证

志愿服务作为培养和实践社会主义核心价值观的有效工具，在大学生群体中展现出丰富多彩的形式和内涵。通过参与各类志愿活动，大学生志愿者不仅在社会实践中传播和弘扬社会主义核心价值观，而且也在不断提高自身的道德水平和社会责任感。志愿服务的多样性使大学生能够将抽象的核心价值观与具体的社会实践相结合，促进从理念到信念的转变，实现了社会主义核心价值观在个体心灵中的深刻影响。

一方面，大学生志愿服务呈现出丰富多样的形式，包括支教、环保、关爱弱势群体等各类活动。这些服务项目旨在通过实际行动传达社会主义核心价值观的理念，同时为大学生提供直接参与社会实践的机会。通过参与这些志愿活动，大学生能够亲身体验社会的多元性，了解社会存在的问题，同时也在服务中感受社会主义核心价值观的引导和激励。例如，参与关爱弱势群体的志愿服务，使大学生能够通过实际行动体会社会主义核心价值观中关爱他人的理念，进而在心灵深处形成对这一价值观的认同。在这一过程中，大学生志愿者不仅仅是执行者，更是参与者和传播者。他们通过与被服务对象的互动，将社会主义核心价值观的理念传递到社会的各个角落。与传统的教育方式相比，志愿服务为大学生提供了更为直接、实际的体验。在支教项目中，大学生志愿者深入基层，亲身感受乡村的文化、生活和教育状况，通过与学生、家庭的交流，将社会主义核心价值观融入日常教学和生活中。这种直接参与、亲身体验的方式，使大学生更容易将社会主义核心价值观内化为自己的信仰，形成真实而深刻的情感共鸣。

另一方面，大学生志愿服务的创造性也在不断发展。他们通过创新方法和方式，使社会主义核心价值观的传播更为有效。随着社交媒体的普及，大学生志愿者利用这一平台分享志愿活动经验，通过文字、图片、视频等形式向更广泛的社会范围传递志愿服务的正能量。这种在线传播的方式扩大了志愿服务的影响范围，使更多的人了解、参与到志愿服务中。同时，大学生还通过组织线上线下结合的社区服务项目等方式，创新了志愿服务的模式，更好地满足了社会的需求。这些创新实践不仅丰富了志愿服务的形式，也提升了志愿服务的社会影响力，使更多的人受益于志愿者的奉献精神。

总之，大学生志愿服务作为培养和实践社会主义核心价值观的有效工具，通过丰富多样的形式和创新的实践方式，不仅在社会实践中传播和弘扬社会主义核心价值观，也在不断提高志愿者自身的道德水平和社会责任感。志愿服务项目的多样性为大学生提供了更丰富的参与体验，促使他们更深刻地理解和接受社会主义核心价值观。在志愿服务的过程中，大学生通过创新方式将社会主义核心价值观的理念传递给更广泛的社会，从而推动社会的和谐发展，为社会主义核心价值观的培育与传承注入了新的活力。

二、志愿精神是培育大学生社会主义核心价值观的生动体现

（一）志愿精神有助于提升学生的民族认同感

志愿精神的培养对于提升学生的民族认同感具有深远的意义。志愿服务作为一种具有公众性、公共性和公益性的社会活动，不仅引导大学生了解社会、认识国情，还在传承道德和实现个人价值方面发挥着重要的作用。通过参与志愿服务，大学生得以亲身体验社会问题，学习如何为社会发展做出贡献，从而加深对国家和社会的认识和理解。志愿服务活动不仅有效地结合了中华传统美德和现代公益理念，在多个领域提供直接服务的同时，更在心灵深处为大学生对社会主义核心价值观的认同构筑了坚实基础。

首先，志愿服务活动作为一种公益性的社会实践，为大学生提供了深入了解社会的机会。通过参与各类志愿服务项目，大学生可以亲身感受社会的多元性和复杂性，从而更全面地了解国情。这种了解不仅仅停留在书本知识层面，更是通过实践活动将理论知识与社会现实相结合，使大学生更具深度的社会认知。在志愿服务中，大学生有机

会与不同背景、不同需求的人接触，理解社会的多样性，这有助于打破他们原有的认知局限，培养开放包容的态度。通过这样的实践，大学生将更加真实地感受到国家的多样性和丰富性，促使他们形成更为全面、深刻的国家认同感。

其次，志愿服务活动在实践中融入了中华传统美德和现代公益理念，形成了一种独特的文化传承方式。中华传统文化注重家国情怀和社会责任，这与志愿服务所强调的奉献精神、互助共享的理念相契合。通过志愿服务，大学生能够在传统文化的熏陶下，体验传统美德如孝道、仁爱、乐群等的具体实践。例如，在关爱弱势群体的志愿服务中，大学生通过与老人、儿童等的交往，不仅传递出中华传统文化中关爱他人的价值观，更在实际行动中传承了这些美德。这种融合传统文化的志愿服务不仅能够引导大学生树立正确的价值观，也为他们在实际行动中注入更多的文化底蕴，进而提升他们对国家的文化认同感。

在志愿服务的过程中，大学生还有机会深入了解社会主义核心价值观。这一价值观体系包括爱国主义、集体主义、社会主义等多个方面，通过志愿服务，大学生能够在实践中真实感受到这些价值观念的力量。例如，参与社区环保活动的大学生，通过自己的实际行动表达对社会和环境的责任感，体现了社会主义核心价值观中的集体主义和社会责任。志愿服务活动不仅提供了理论学习的机会，更通过实际行动引导大学生在实践中树立正确的人生观和价值观。

最重要的是，志愿服务为大学生提供了一个实践社会主义核心价值观、理解国家发展方向、培养政治认同的平台。通过参与志愿服务，大学生提高了对国家和政府的认同感，坚定了走中国特色社会主义道路的信心。志愿者在服务过程中感受到国家对弱势群体的政策支持，亲身体验到社会主义制度的优越性，这将在心灵深处形成对国家的认同感。尤其是在关键时刻，如疫情防控、发生自然灾害等时，志愿者通过实际行动展现了对国家的支持和爱护，进一步巩固了他们对国家的认同感和归属感。

可见，志愿服务作为一种公益性社会实践，通过深入了解社会、融入中华传统美德和现代公益理念，有助于提升大学生的民族认同感。志愿服务不仅仅是一种实践，更是一种文化传承和国家认同的建设过程。通过志愿服务，大学生将更加真切地感受到社会主义核心价值观的引领和激励，形成对国家的深厚认同，为民族认同感的培育打下坚实的基础。

（二）志愿精神有助于强化学生的社会责任感

志愿服务活动作为学生实践社会主义核心价值观的重要平台，不断创新和变化其内容、形式和载体，但其核心目标始终如一，即坚持社会主义核心价值观的方向。志愿服务不仅仅是一种帮助他人和服务社会的具体行动，更是建立互帮互助的人际关系和培养社会公德的重要途径。通过参与各种志愿活动，大学生能够在实践中学习和体验"自由、平等、公正、法治"等原则，从而提高个人的责任感和使命感。

志愿服务活动为大学生提供了一个实践社会主义核心价值观的平台。在这个平台上，大学生通过实际行动体验社会主义核心价值观的理念，将其融入日常生活中。志愿服务强调的是奉献精神、互助合作和社会责任感等核心价值观的具体实践。通过关爱弱势群体、环保行动、文化传承等志愿服务项目，大学生能够亲身感受到社会主义核心价值观中"爱人民、爱国家"的深刻内涵。在服务过程中，他们学会尊重每个个体的平等权利，体验到通过自己的努力改善社会风气的成就感，从而使社会主义核心价值观不再是抽象的理论，而是融入他们的生活和思维中。

志愿服务活动是大学生建立互帮互助的人际关系的重要途径。在志愿服务的过程中，大学生与团队成员、被服务者之间建立起紧密的联系。这种联系不仅在行动上体现了互帮互助的社会主义核心价值观，更在人际关系中促使他们形成团结合作的共同体意识。例如，在支教活动中，大学生志愿者与当地教育工作者、学生、家长等建立了密切的联系，形成了一支默契的合作团队。这种互帮互助的关系模式不仅在服务过程中取得了显著的成效，也为社会主义核心价值观在社会中的传播奠定了基础。大学生通过与不同背景的人合作，实现了跨文化、跨领域的交流，促使社会主义核心价值观的理念在不同层面产生共鸣。

在志愿服务活动中，培养社会公德是其不可忽视的一个重要目标。社会主义核心价值观强调公平正义、法治精神等原则，而这些正是志愿服务所要倡导和实践的。通过参与志愿服务，大学生在实践中学习并树立起"自由、平等、公正、法治"的原则，培养公民责任感。在支教活动中，大学生志愿者通过教育工作，不仅传递了知识，更注重培养学生的法治意识和公民责任感，使他们在未来的成长过程中更好地融入社会，遵纪守法。志愿服务项目中的公德教育不仅提升了大学生的个人品德，也在社会中产生了良好的示范效应，推动社会公德观念的进步。

在志愿服务的过程中，大学生群体展现出了对社会主义核心价值观的深刻理解和积极践行，不仅准确把握了其内在的价值目标与道德遵循，更在实际行动中将这些原则转化为具体的社会实践。这一过程中，大学生们通过参与多样化的志愿服务活动，如社区服务、环保倡议等，不仅学会了如何在社会实践中身体力行地贯彻社会主义核心价值观，还深刻体会到这些原则对于促进个人全面发展与社会和谐进步的重要价值。具体而言，大学生们在志愿服务中通过直接参与社会公益活动，如帮助弱势群体、推广环保知识等，将"富强、民主、文明、和谐"的国家层面价值目标转化为实际行动，促进了社会正能量的传播。同时，他们在实践中深刻体会到"自由、平等、公正、法治"的社会层面价值取向，学会了在尊重差异、维护公正的基础上开展工作，增强了法治意识和社会责任感。在个人层面，"爱国、敬业、诚信、友善"的价值准则也在志愿服务中得到了生动体现，大学生们在无私奉献中培养了爱国情怀，锻炼了敬业精神，坚守诚信原则，学会了以友善态度对待每一个人。更为重要的是，志愿服务活动为大学生们提供了一个将理论知识与实际操作相结合的平台，使他们在实践中不断反思、学习和成长。通过亲身体验，大学生们更加深刻地认识到社会主义核心价值观对于国家和社会的引领作用，这种认识不仅停留在理论层面，而且通过实际行动得到了强化，从而增强了对这一核心理念的认同感和信仰。这种由内而外的转变，不仅丰富了大学生们的个人经历，促进了其综合素质的提升，也为社会主义核心价值观在社会中的广泛传播和深入人心提供了强有力的支持。大学生们在志愿服务过程中的具体行动和深刻体验，不仅体现了他们对社会主义核心价值观的深入理解和积极实践，也彰显了这一活动对于促进大学生个人成长和社会发展的重要意义。通过志愿服务，大学生们不仅成为社会主义核心价值观的积极传播者和践行者，更为构建和谐社会、推动社会进步贡献了自己的青春力量。

（三）志愿精神有助于深化学生的思想价值观

志愿服务作为大学生参与社会实践的重要方式，既是学习社会主义核心价值观的途径，也是将这些价值观付诸实践的关键途径。通过参与各类志愿活动，大学生得以在实践中深刻体验"爱国、敬业、诚信、友善"等价值的深层含义，并将这些价值观融入实际行动中。这种实践不仅强化了对这些价值观的理解，还帮助大学生在实际行动中真实地体现这些价值观。

志愿服务活动中的"爱国"体现为大学生不仅关心国家大事，更积极通过实际行动为国家发展做出贡献。参与社区建设、环保项目、支教活动等志愿服务，让大学生深刻感受到对国家社会的责任和担当。在支教过程中，他们关心农村教育，促进教育公平；在环保项目中，他们致力于改善环境、保护生态，为可持续发展贡献力量。这些实际行动不仅展现了"爱国"的崇高情感，更通过具体事迹传递出社会主义核心价值观的引领作用。

志愿服务中的"敬业"体现在志愿者对待每一次服务活动的认真态度和专业精神。无论是小事还是大事，志愿者都以高度的责任心对待，追求卓越，力求为服务对象提供最优质的帮助。在医疗卫生领域的志愿服务中，大学生志愿者展现出专业知识和高度的敬业态度，让服务更加贴近需求、更加有实效。这种敬业精神不仅是对志愿服务活动的尊重，更是对社会主义核心价值观"敬业"的具体践行。

"诚信"是志愿服务中一个不可或缺的要素，要求志愿者在服务中保持诚实守信的态度，对待服务对象和活动要负责。志愿者的言行一致，言出必行，增强了社会信任感。在与服务对象的互动中，建立起互信关系，为社会主义核心价值观的"诚信"原则提供了实际例证。这种坚守信誉、言行一致的品质是志愿者在服务中不可或缺的品质。

"友善"在志愿服务中体现为志愿者与服务对象、社会公众以及同伴之间的和睦相处和互助合作。志愿服务活动是一个团队协作的过程，大学生通过合作共事，不仅提高了工作效率，更在和谐共处中感受到团结的力量。志愿者之间友好的互动不仅在服务过程中产生良好的工作氛围，也为社会主义核心价值观的"友善"原则树立了榜样。

通过这些志愿服务活动，大学生对社会主义核心价值观的理解得以加深，这些活动促进了这些价值观在现实中的深化与升华。志愿服务活动引导大学生正确把握价值目标和道德遵循，使他们在社会实践中学习和体验"自由、平等、公正、法治"等原则。在志愿服务的过程中，大学生逐渐认识到这些原则对个人和社会发展的巨大意义。通过实际行动，大学生不仅在心灵深处深化了对社会主义核心价值观的理解，更在社会中实际推动了这些价值观的传播与实践。志愿服务活动成为大学生实践社会主义核心价值观的具体平台，有力地推动了这些价值观在社会中的传承和发展。

三、社会主义核心价值观引领学生志愿精神的培育和践行

（一）确保志愿精神的持续性发扬

志愿精神作为一种体现个人道德素养并成为社会主义核心价值观重要组成部分的价值取向，以奉献、友爱、互助和进步为主要内容。在当前社会，深入灌输并实践志愿精神，尤其在学校教育中显得尤为重要。在学校中推广和实践志愿精神，首先，学校教育中的课堂教学应引入与志愿精神相关的内容。通过课程设计，将志愿服务的理念融入文化教育、历史和社会科学课程中，帮助学生理解志愿精神的重要性，让他们认识到其在推动社会进步中的作用。例如，历史课可以介绍不同时代的志愿服务典型，语文课则可以通过阅读相关文学作品来感悟志愿服务的人文情怀。其次，为激发学生的兴趣和参与热情，学校可以举办相关的讲座和研讨会，邀请经验丰富的志愿者来分享他们的故事和体会。这种亲历者的直接讲述，往往能更深入人心，激发学生的情感共鸣和行动动力。此外，通过组织学生参观本地的非政府组织和参与社会服务活动，也能让他们直观地看到志愿服务的实际影响。接着，学校应将志愿活动纳入日常教育和学生活动中。定期组织不同形式的志愿服务，如社区清洁、敬老院访问、环保项目等，让学生在实践中学习和体验志愿服务，还有助于培养他们的责任感、团队合作能力和问题解决能力。通过这些活动，学生能直接感受到自己行为对社会的

积极影响，增强他们的社会责任感。学校还应鼓励学生参与长期的志愿服务项目，以便他们能更深入地理解和解决社会问题。通过与当地的非政府组织合作，学校可以为学生提供更多持续的服务机会，使他们在服务过程中不断学习和成长，同时建立对志愿服务的长期兴趣。最后，为确保志愿精神的持续性发扬，学校需要建立有效的激励和反馈机制。例如，可以通过设立志愿服务时数的要求、颁发志愿服务证书或奖励等方式鼓励学生参与。学校也应对学生参与的志愿活动进行定期评估，收集学生、服务对象及社区成员的反馈，以此不断改进活动的质量和效果。通过这些综合措施，学校不仅能有效地推广志愿精神，也能帮助学生在服务中成长，培养出具有社会责任感和道德力量的新一代青年。

（二）确保志愿精神的全面性传播

志愿精神的传播和培养在当今社会中显得尤为重要，不仅因为它是一种行为模式，更是一种深刻的价值观和生活态度的体现。在全面推广志愿精神的过程中，学校教育发挥着重要的作用。首先，课程设置中应纳入关于志愿服务的理论教学。这种教学不仅涉及志愿服务的基本知识和技能，更要深入探讨志愿精神背后的深层价值观，包括如何通过志愿服务实现个人成长与履行社会责任的统一。通过将这些内容融入思想政治教育课程和专业课的课程思政中，学生可以从多角度理解和欣赏志愿服务的意义和重要性。其次，为了确保志愿精神的广泛传播，学校和相关组织需要采用多种传播方式。利用学校的广播、校报、社交媒体等平台，可以宣传志愿服务的重要性，并分享志愿服务的成功案例及志愿者的个人故事。这样的多渠道传播策略可以让更多的学生接触到志愿服务的理念，也能激发他们的兴趣和参与意愿。当学生看到同龄人如何通过志愿活动影响社区，甚至国际社会时，他们更可能被激励去参与和贡献自己的力量。通过这种方式，志愿精神能在学生群体中形成一种积极的、全面的影响。再次，学校还可以通过设置特定的项目，如社区服务日或志愿周，让学生有机会定期参与志愿活动，这就帮助他们将理论知识应用于实践，也能加深对志愿服务深远影响的认识。最后，学校可以与社区共同合作，通过组织社区活动、开展公共讲座等方式，将志愿精神推广到更广阔的社区和公众领域。这样的合作能增强学校与社区的联系，还能让学生在更加多元的环境中实践志愿服务，理解不同群体和社区的需求，从而培养更为全面和深入的社会责任感。总之，志愿精神的传播和培养是一个多层次、多维度的过程，需要学校、社区以及学生的共同努力。通过在课程中纳入志愿服务的理论教学，利用多种传播渠道宣传志愿精神，并与社区合作组织实践活动，可以有效地促进志愿精神在学生中的普及和深化。这样，学生不仅能在理论上理解志愿服务的重要性，还能在实践中体验志愿服务的意义，进而培养更全面的社会责任感和参与意识，为社会的发展贡献自己的力量。

（三）确保志愿精神的目的性达成

志愿服务活动的核心不仅仅在于形式上的参与，更关键的是实现具体的目标并产生实际的社会影响。为此，学校和相关组织要明确地设定志愿活动的目标，目标应具体且可量化，以反映志愿活动希望达到的社会效果。为了有效实现这些目标,活动的组织者要精心设计每项志愿活动,确保其内容与既定目标紧密相关并且可以有效执行,包括选择适合的志愿者、提供必要的培训和资源以及制订详细的活动计划。志愿活动的设计和实施应注重实用性和可行性,同时也需要激发志愿者的积极性和创造力。为了确保志愿精神的目的性得以实现,组织者必须对志愿活动进行持续的监督和评估,包括跟踪活动的进展,及时收集反馈信息以便对活动进行必要的调整和改进。评估工作不应仅仅聚焦于活动的短期成效,还应考虑其对社会的长远影响。评估团队可利用调查问卷、个别访谈或数据分析等多种方法来衡量活动是否达到了预定的目标,并评估其对参与者和社区产生的积极影响。进一步地,为了更有效地实现志愿精神的目的性,学校应当强调志愿服务的社会意义和个人责任。应鼓励志愿者思考他们的服务活动如何与更广泛的社会目标相结合,以及他们如何通过个人的努力为社会做出更大的贡献。这种深入的认识和反思可以极大地增强志愿者实现活动目标的动力,从而确保志愿精神的目的性得以实现。此类方法能提升志愿者的技能和自我效能感,还有助于建立更加团结和谐的社区环境,为社会的持续发展做出积极贡献。通过实施这样的志愿服务活动,可培养一代具有强烈社会责任感和实践能力的年轻人,他们将成为推动社会进步和发展的重要力量。

第四章

大学生参与志愿服务
对大学生社会主义核心价值观
影响的调查研究

　　本章主要通过实际调研，以问卷调查和个人访谈为主要形式，针对目前大学生参与志愿服务对大学生社会主义核心价值观的影响效果加以研究，同时针对调研结果分析影响大学生参与志愿服务的主要因素，分析目前以大学生志愿服务为载体背景下的志愿精神培育中存在的问题和不足，以为后续研究志愿精神与大学生社会主义核心价值观培育有效对策的提出奠定基础。

一、问卷调查设计和访谈记录

　　问卷调查主要涉及问卷设计及调查样本分析，个案访谈主要是通过对曾经参与过志愿服务的学生开展深度访谈，并对访谈信息进行归纳整理。

（一）问卷设计和样本分析

1.问卷设计

　　问卷设计主要是以志愿服务为志愿精神的反应载体，结合前文中对志愿精神与大学生社会主义核心价值观培育的理论部分的研究，在整体把握志愿服务、志愿精神以及社会主义核心价值观之间的内在逻辑关系的基础上，结合目前大学生开展志愿服务的社会环境，以及大学生自身成长和发展的特点，设计《志愿服务对志愿精神与大学生价值观的影响调查问卷》。调查问卷的内容主要涵盖两个部分：一是大学生对志愿精神和价值观的认知情况，以及大学生志愿精神和价值观培育现有情况调查；二是对大学生对志愿精神载体志愿服务的观点和看法加以调查研究。

2. 样本概况

按照计划与研究目标，基本完成了预设的问卷调查工作，本次调查问卷的对象主要是上海高职院校大学生，主要以线上调查的形式开展，借助问卷星实施在线调查。本次调查问卷共设计 24 个问题，均为单选题，其中 2 个问题由若干个相关子问题通过矩阵单选题形式组成，问卷发放后学生填写，目前共回收有效答卷 2398 份，随后即进行初步的统计分析。为确保本次问卷调查研究的代表性、真实性和实用性，使调查结果能够较全面地反映目前大学生志愿精神和社会主义核心价值观的培育现状、大学生参与志愿服务情况以及大学生对志愿精神培育和参与志愿服务的观点看法等内容。调查对象的基本情况见表 4-1-表 4-5。

表 4-1 调查对象所处年级分布

选项	小计	比例
A. 大二	2339	97.54%
B. 大一	42	1.75%
C. 大三	14	0.58%
D. 大四	3	0.13%

表 4-2 调查对象政治面貌分布

选项	小计	比例
A. 中共党员	7	0.29%
B. 共青团员	935	38.99%
C. 其他	1456	60.72%

表 4-3 调查对象是否担任学生干部分布

选项	小计	比例
A. 是	665	27.73%
B. 否	1733	72.27%

表 4-4 调查对象家庭所在地分布

选项	小计	比例
A. 大城市	1043	43.50%
B. 中小城市	878	36.61%
C. 农村	477	19.89%

表 4-5 调查对象家庭人居月收入分布

选项	小计	比例
A.1000 元以下	158	6.59%
B.1000—2000 元	237	9.88%
C.2000—3000 元	405	16.89%
D.3000 元以上	1598	66.64%

3. 样本分析

（1）大学生志愿精神和价值观培育现有成效

调查结果显示，当前大部分大学生具备一定的志愿精神，同时有着正确的价值观念，但也存在对志愿精神和社会主义核心价值观内涵培育践行不深刻的现象。

当被问到"对志愿服务工作辛苦的看法"时（表4-6），有95.41%的学生表示"很好，能够磨练意志"，当被问到"是否参加过志愿服务"时（表4-7），有47.08%的学生表示"参加过，1至2次"，32.15%的学生表示"参加过，3次及以上"。这体现出目前大学生对志愿服务和志愿活动并不陌生，并且反映大学生通过志愿服务载体践行志愿精神和价值观的行动力较高。同时被问到"现代社会倡导奉献精神，你认为是否可行？"时（表4-8），有85.28%的学生表示"可行"。被问到"对于生活中舍己助人者的行为，你认为"时（表4-9），有74.44%的学生表示"很高尚，是其道德人格的表现"。这体现新时代大学生具有较高的志愿服务精神和奉献精神，以及学生能够认识到志愿精神是正确价值观念的重要表现形式。当被问到"你认为个体做出奉献行为的原因是什么"时（表4-10），有59.34%的学生表示"在他人处于困境时做出奉献，是希望日后自己遇到困难时能得到他人的帮助"，也有少部分学生表示"奉献主要是个体为了获得好名声，以满足自我利益"。由此表明，不少学生对志愿精神和社会主义核心价值观的内涵理解不够深刻，未能真正认识到志愿精神是一种不求回报的精神，未能深刻理解到志愿精神是无私奉献地参与志愿服务活动。

表4-6 对志愿服务工作辛苦的看法

选项	小计	比例
A. 很好,能够磨练意志	2288	95.41%
B. 简单应付一下	56	2.34%
C. 若太辛苦就不干了	54	2.25%

表4-7 是否参加过志愿服务

选项	小计	比例
A. 没有参加过	498	20.77%
B. 参加过,1至2次	1129	47.08%
C. 参加过,3次及以上	771	32.15%

表4-8 现代社会倡导奉献精神,你认为是否可行?

选项	小计	比例
A. 可行	2045	85.28%
B. 说不清楚	319	13.3%
C. 不可行	34	1.42%

表4-9 对于生活中舍己助人者的行为,你认为

选项	小计	比例
A. 很高尚,是其道德人格的表现	1785	74.44%
B. 很自然,有同情心的人都会这么做	421	17.56%
C. 无所谓	72	3.00%
D. 很虚伪,是为了获取某种名誉	5	0.21%
E. 普通人做不到	115	4.79%

表4-10 你认为个体做出奉献行为的原因是什么

选项	小计	比例
A. 在他人处于困境时做出奉献，是希望日后自己遇到困难时能得到他人的帮助	1423	59.34%
B. 看到他人处于困境而主动奉献自己的力量，主要是出于人的怜悯和同情心	313	13.05%
C. 奉献是个体对他人、对社会责任心的表现	639	26.65%
D. 奉献主要是个体为了获得好名声，以满足自我利益	23	0.96%

（2）大学生对志愿服务的观点

调查结果显示大学生对志愿服务有着一定的了解，并且能够认识到志愿服务的价值意义，大部分学生能够正确把握以志愿服务为载体的志愿精神的培育对和谐社会的构建、社会精神文明建设、个人道德水平提升以及弘扬中华民族优秀传统美德的重要作用与价值意义。

有62.01%的学生认为"开展志愿服务活动可以促进社会问题的解决"；63.72%的学生认为"开展志愿服务活动可以促进和谐社会的构建"；64.8%的学生认为"开展志愿服务活动有助于促进社会精神文明和个人道德水平的提高"；66.56%的学生认为"开展志愿服务活动有助于弘扬中华民族传统美德"。如表4-11所示。以上表明大部分大学生对志愿服务的积极作用能够较为全面的把握，并且能将志愿服务的开展与个人价值观念的提升结合在一起。

表 4-11

题目／选项	完全同意	比较同意	说不清	不太同意	完全不同意
1. 开展志愿服务活动可以促进社会问题的解决	1487 (62.01%)	680 (28.36%)	177 (7.38%)	31 (1.29%)	23 (0.96%)
2. 开展志愿服务活动可以促进和谐社会的构建	1528 (63.72%)	698 (29.11%)	139 (5.79%)	15 (0.63%)	18 (0.75%)
3. 开展志愿服务活动有助于促进社会精神文明和个人道德水平的提高	1554 (64.8%)	698 (29.11%)	114 (4.75%)	17 (0.71%)	15 (0.63%)
4. 开展志愿服务活动有助于弘扬中华民族传统美德	1596 (66.56%)	659 (27.48%)	110 (4.58%)	15 (0.63%)	18 (0.75%)

（3）大学生参与志愿服务的主要动机分析

调查结果显示，大部分学生参与志愿服务的动机主要体现在提升自我、帮助他人、满足国家和社会的需要，也有少部分学生参与志愿服务的动机出于增加学分、评优加分、见名人、获得家长和老师的表扬、获得纪念品和获取社会荣誉等略显功利性的因素。如表 4-12 所示。由此可见，目前大学生志愿精神和社会主义核心价值观培育已经取得一定的成效，大多数学生参与志愿服务的动机属于正面因素。同时调查结果中显示，少部分学生参与志愿服务是想获取志愿者的良好社会口碑及获得家长和老师的赞扬，也能从侧面反映目前以志愿服务为载体的志愿精神的社会认同感和社会价值感逐渐提升。因此，仍需要社会各方主体积极参与到大学生志愿精神与社会主义核心价值观培育中，为大学生志愿精神的培育创建良好的校外环境。

表 4-12

题目 / 选项	完全同意	比较同意	说不清	不太同意	完全不同意
1. 参与志愿服务使我在团队中获得归属感	1330 (55.46%)	804 (33.53%)	223 (9.3%)	26 (1.08%)	15 (0.63%)
2. 出于同情心，参与志愿服务可以帮助他人排忧解难	1156 (48.21%)	844 (35.19%)	305 (12.72%)	64 (2.67%)	29 (1.21%)
3. 参与志愿服务是国家和社会的需要	1303 (54.34%)	828 (34.53%)	218 (9.09%)	30 (1.25%)	19 (0.79%)
4. 参与志愿服务可以锻炼自己，提高自身素质	1463 (61.01%)	762 (31.78%)	153 (6.38%)	6 (0.25%)	14 (0.58%)
5. 参与志愿服务可以增加学分或者可以评优加分	1076 (44.87%)	911 (37.99%)	332 (13.85%)	53 (2.21%)	26 (1.08%)
6. 参与志愿服务可以使生活更丰富多彩，丰富人生阅历	1404 (58.55%)	810 (33.78%)	164 (6.84%)	6 (0.25%)	14 (0.58%)

题目／选项	完全同意	比较同意	说不清	不太同意	完全不同意
7. 参与志愿服务可以方便看开闭幕式及比赛，或许也可以见到一些平时想见但见不到的名人	1041 (43.41%)	805 (33.57%)	395 (16.47%)	104 (4.34%)	53 (2.21%)
8. 参与志愿服务可以得到老师或者家长的表扬	986 (41.12%)	881 (36.74%)	406 (16.93%)	95 (3.96%)	30 (1.25%)
9. 志愿者的社会口碑很好，成为志愿者我很光荣	1253 (52.25%)	858 (35.78%)	236 (9.84%)	30 (1.25%)	21 (0.88%)
10. 参与志愿服务可以获得相关纪念品，如志愿者服装、纪念章、参与证书、表彰证书等	1105 (46.08%)	897 (37.41%)	330 (13.76%)	43 (1.79%)	23 (0.96%)

（二）个人访谈记录整理

按照计划与研究目标，基本完成预设的个案访谈工作。以谈话的形式对曾经参加过志愿服务的 4 名学生进行深度访谈，并且通过对访谈结果进行初步的整理分析，以期从中提炼大学生参与志愿服务的动机、影响大学生参与志愿服务的主要因素以及大学生参与志愿服务对大学生志愿精神与价值观培育成效的主要观点，从而为后续大学生志愿精神与社会主义核心价值观培育问题、原因以及对策的提出奠定基础。以下为

4位学生的访谈记录摘要。

1. 访谈对象一

访谈对象参与多种类型的志愿服务，涉及智能手机教学进社区服务队、阿迪达斯徐汇滨江志愿队以及挚光公益手语志愿者等项目。根据访谈者介绍，其中智能手机服务队创建的缘由是在现代科学技术快速发展的背景下，人口老龄化逐渐成为社会快速发展急需解决的关键问题，帮助老年人跨越数字鸿沟是智能手机服务队创建的主要目标，队内成员集中帮助老年人解决日常生活中的智能化问题。具体做法是派出一组志愿者前往各个街道教学，从最基础的手机拍照、打电话到使用微信、打车。致力于在智能化遇到老龄化的背景下，提高老年人的智能化使用能力，为智能科技助力提升老年人的生活幸福感做出贡献。阿迪达斯志愿队是在体育强国、健康中国的发展战略指导下，为深入推进全面健身国家战略，提升全面健身公共服务水平，以徐汇滨江为主要开展场所，当地跑者为服务对象，主要通过免费为跑者租借跑鞋及更衣柜，为生态滨江、全民健身贡献自己的一份力量。挚光公益手语志愿者项目是专门为听障人士开展的一项公益活动，致力于丰富听障人士的日常生活，帮助更多的听障人士更好地融入有声社会。主要通过每月开展专题活动，如手语比赛等，志愿者去现场帮忙，专门给听障人士一个展现自己的舞台，使听障人士在活动中提升自信心、获得满足感。最后通过对访谈对象参与志愿服务的感受进行访谈，得出以下自述"我感觉参加这些活动很有收获，很有意义，虽然有时很辛苦也没有报酬，但是我还是会一直参加的"。

2. 访谈对象二

访谈对象主要参加丰海居委会社区志愿队，基于国家对完善社会治理体系，提升社会治理效能的要求下，社区作为基层治理的重要单元，社会志愿队是服务社区、推动基层治理的重要抓手和先锋力量。访谈对象参与社区志愿队的主要工作是对社区的租户信息进行摸查，并整理好租户的信息进行汇总，对一些特殊情况进行记录，从而为打造自治和谐的社区环境做出贡献。此外，访谈对象还参与上海野生动物园地铁站志愿队，主要是在地铁站帮助游客指路购票，同时积极参与疫情防控，以及参与校园禁烟志愿队，访谈对象在校园禁烟队的主要工作是利用晚自习和周末时间，组织大家对抽烟问题进行整改，劝解大家，引导大家保持健康的生活习惯，为无烟校园的创建贡献力量。最后通过对访谈对象参与志愿服务的感受进行访谈，得出以下自述"我很喜欢这样的工作，如果有机会还会参加，我感觉参加志愿服务很开心、很高兴，有机会我会一直参加"。

3. 访谈对象三

访谈对象主要参加世纪公园志愿活动，该志愿活动为学院常规志愿活动，目前已经与世纪公园方面签署志愿者服务协议。活动内容是在世纪公园检票口帮助游客用手机买票，检查游客的健康码、行程码，进入世纪公园内部请游客填写关于世纪公园各方面设施及服务的调查问卷等；同时也参加公安博物馆志愿活动，主要是配合公安博物馆开展各项活动，具体来说每年通过公安博物馆方面参加上海市科普大赛，并根据场馆安排，积极配合各类相关活动的开展。此外，还参加了挚光公益"地球博士"项目民航科普服务队，主要是前期培训和试讲，后期通过科普知识的互动教学，引导青少年树立正确的环境保护观念，促使青少年通过系列科普教育活动，懂得保护环境，节约资源，杜绝浪费，爱护动植物，珍惜生命，以及引导青少年善于发现动植物的特点和长处。同时能够设计自己的创意手工、绘画制作品、科普课件等，建设一支专业的且能进行活动规划的公益科普队伍，其主要工作内容是以儿童科普书籍、卡片、模型、电影视频、动漫等为教学工具，为当地的小学生科普地球生物、植物及天文、地质等知识，并制作各类环保手工品，以趣味、易学、适宜儿童的学习方式和学生互动交流。参加"一应青藤"社区志愿者，根据社区公益活动的开展需要，积极主动地参与社区志愿活动。参与校园环保志愿活动，主要是积极加入校园美化清洁活动，具体来说义务捡拾校园公共环境及教学楼内垃圾、清除公共设施上的小广告等活动。通过参与志愿服务活动，不仅能从中获得体验感和满足感，也切实地学习和体会到雷锋精神，为美好校园环境的创建添砖加瓦。还有助盲志愿活动和滴水湖毅行，其中助盲志愿活动的服务对象主要是盲人，主要目的是消减盲人参与正常社会活动的焦虑和担忧，通过陪伴盲人体验棋牌游戏等形式，鼓励他们多多参与交流和互动，为其增加积极生活的勇气和信心；滴水湖毅行，以行走的形式开展环境保护科普工作及以身体力行的方式参与到环境保护的实际活动中，从滴水湖地铁站至南汇嘴观海公园，全程12公里，主要工作是普及环境保护知识，培育大家的生态文明理念。最后通过对访谈对象参与志愿服务的感受进行访谈，得出以下自述："通过捡拾白色垃圾等志愿服务活动，学习到了雷锋艰苦奋斗、勤俭节约的精神，也借此机会放下手机，感受了一下自然环境，是一件很美好的事情。"

4.访谈对象四

访谈对象主要参加浦东惠南镇东城社区"筑爱圆梦"公益集市活动,主要以义卖和上街募捐的形式开展,并将获得的善捐应用在公益事业中,为需要帮助者筑爱圆梦。同时也参加了天山社区持续开展的"游园会"项目,这是展示才艺手工的地方,访谈对象的主要工作是根据项目活动的需要做好辅助配合工作,具体涉及协助布置场地、维持卫生与秩序,协助防疫、参与游戏等。最后通过对访谈对象参与志愿服务的感受进行访谈,得出以下自述"参加志愿服务是最开心的工作,可以学到很多东西,也有很多收获,学到很多学校没有的知识。我会一直参加的,感觉自己有了责任感,可以更好地按照社会主义核心价值观的要求去完善自我、提升自我"。

二、志愿服务动机、影响因素以及价值观成效分析

通过对问卷调查加以数据化的分析,以及对个案访谈记录加以总结提炼,在此基础上重点针对大学生参与志愿服务的动机、影响大学生参与志愿服务的主要因素以及大学生参与志愿服务对大学生价值观的彰显进行归纳和整理。

(一)志愿服务动机

志愿服务作为大学生参与社会实践的重要路径,是国家和社会精神文明建设的重要内容,也是培育大学生积极践行社会主义核心价值

观的有效方式。而大学生参与志愿服务的动机是指大学生通过志愿服务达成一定目的而开展志愿行动的原因。通过上述调查研究，归纳总结大学生参与志愿服务的动机主要分为利他动机、满足动机、认同动机三种类型。

其中利他动机主要是指大学生参与志愿服务的主要目的是奉献自我、帮助他人，以及积极承担社会责任，展现的是一种不求回报的志愿精神。如调查结果中提到的促进和谐社会的构建、促进公民社会的形成、帮助他人排忧解难等方面。从长远来看，志愿服务中的利他动机将有助于促使学生长期保持参与的积极性和热情，同时有助于形成正面的示范效应，从而在社会环境中创建良好的志愿氛围。

满足动机主要是指大学生参与志愿服务的主要目的是满足自身的精神和物质等方面的需求，主要是通过将志愿服务作为一种社会实践活动，以此积累社会实践经验、提高自身的社会认知、产生满足感和获得感。如调查结果中提到的提升个人道德水平、在志愿团队中获得归属感、锻炼自身以及提高个人素质、增加学分和评优加分等方面。大学生作为一个独立的个体，在参与社会志愿服务中以满足个人发展需求为出发点，在本次调查中将其归纳为自我满足动机。

认同动机主要是指大学生参与志愿服务的主要目的是为了获得大众的认同，为获取相应的赞扬和表彰，以此获取成就感。如调查结果中提到的得到家长和老师的表扬、赢得良好的社会口碑等方面。核心是学生通过参与志愿服务获得心理上的成就感和满足感。

总体来说，大学生参与志愿服务的动机主要呈现在"利他"和"利己"两个方面，通过对利他动机和利己动机之间的关系加以辩证分析和深度剖析，有助于在此基础上针对性地提出培育与践行大学生志愿精神与社会主义核心价值观的有效方式和路径。大学生作为独立的个体，在参与实践活动中以满足个人需求为出发点，在满足个人发展的基础上不断开阔视野，将关注点由自身转移到他人和社会中，以进一步展现个人价值和社会价值的统一。因此，要正确认识到志愿服务中存在一定程度的利己动机，并且在合理利用利己动机的基础上，引导学生将利己动机作为参与志愿服务的内在动力支撑，通过高校、家庭、社会以及学生个人等各方主体的协同配合，促使学生在社会主义核心价值观念的引导下，以集体利益为重，实现学生个人发展与社会发展的同向而行。

（二）影响大学生参加因素分析

新时代背景下，大学生已经成为参与社会志愿服务的核心力量，是促使我国志愿服务事业得以持续健康发展的中坚力量，同时也是发扬志愿精神、践行社会主义核心价值观的主体力量。通过上述调查结果对影响大学生参与志愿服务的因素加以深入分析，将有助于针对性地提出优化和改进措施，以此激励大学生以更加饱满的热情参与到社会志愿服务活动中。总体来说，影响因素主要表现在学生自身、学校组织管理、志愿服务性质以及社会环境等方面。

其中学生自身因素作为学生参与志愿服务的关键要素，需要引起学校和社会的关注和重视，主要体现在学生个人的兴趣爱好、学生自我提升和发展需求、学生责任意识和价值观念等方面。如调查结果中提到的个人的兴趣爱好、结识志同道合的朋友、增长见识、开阔眼界、锻炼能力以及对社会的一种责任感等内容。此外，学校对志愿服务活动的组织管理也是影响学生参与志愿服务的主要因素，学校作为培育学生志愿精神的第一阵地，其所具备的志愿服务管理体系将间接影响学生参与的频次和质量。主要体现在学校志愿队伍的建设，学校开展志愿服务的整体计划、方案、实施内容和条件保障以及学校的专业设置等方面。如调查结果中提到的学生所学专业、学院常规志愿活动创设、学分认证、志愿证书等内容。

志愿服务的形式及社会环境也是影响学生参与志愿服务的重要因素。志愿服务组织的类型、数量，志愿服务的参与途径，志愿服务与专业的相关性，志愿服务的内部管理活动形式等因素影响着大学生参与志愿服务的积极性和参加频率。如访谈过程中呈现的志愿服务的性质，参加不同志愿服务的获得感和互动性、知识性等参与志愿服务的理由，成为大学生参与多样化志愿服务的重要推动力。除此之外，良好的社会志愿氛围也为大学生参与志愿服务提供支撑和保障，其中主要涉及政府、家庭、社区等社会主体。政府主要体现在政策支持、宏观协调、资金支持等方面，主要是在基础设施保障及宣传推广上给予支持和帮助。家庭主要体现为家人对学生参与志愿服务在态度情感上的支持及身体力行上的引导，家庭作为学生成长发展的重要环境，对学生的价值观念和思想行为起着重要的作用。如调查结果中呈现的部分学生参与志愿服务是为了获取家长的表扬，可见家长对参与志愿服务和培育志愿精神呈肯定态度。社区是开展志愿服务的重要主体，也是学生参与志愿服务活动的主要途径，是学生提升志愿服务能力、培育志愿服务精神的有效方式。如访谈记录中的4位大学生基本都参与社区创建的志愿服务组织，为社区志愿服务活动贡献自身的力量。朋友和同学的模范作用也成为学生参与志愿服务的正面影响因素，朋友和同学的带头参与作用，促使大学生以更高的热情投身于志愿服务中，并且产生长期的彼此影响效应。

通过对调研结果和访谈结果的整理和归纳，显示出目前学校、家庭、社会以及学生自身都将对大学生参与志愿服务及培育志愿精神产生不同程度的影响。因此，在大学生志愿精神和社会主义核心价值观培育的过程中要充分发挥正面因素的促进推动作用，以此提升大学生的积极主动性，为大学生志愿精神的培育创建良好的校内校外环境。

（三）大学生参与志愿服务对价值观的影响分析

大学阶段是学生价值观培育、形成和确立的关键时期，帮助大学生形成正确的价值观念，引导学生在实践活动中践行社会主义核心价值观，对国家高质量人才的培育及民族的振兴有着重要的价值意蕴。而以奉献、友爱、互助为精神核心的志愿精神是培育和践行社会主义核心价值观的关键内容，因此，以志愿服务为载体，引导大学生将志愿精神落实在实践行动中，促使学生在体验中深刻感受和内化社会主义核心价值观的基本内涵，不仅有助于促使学生获得综合素养的全面提升，也能促使社会主义核心价值观的培育与践行效果得到最大程度的发挥扩散。本书在充分厘清大学生志愿服务、志愿精神以及社会主义核心价值观之间的内在逻辑关系的基础上，结合理论调查和实践调查研究总结大学生参与志愿服务对大学生价值观的影响内容，为后续重视和发挥以志愿服务为主体的实践育人活动的开展，以及构建志愿精神与大学生社会主义核心价值观培育机制奠定基础。

一是大学生参与志愿服务有助于培育学生的仁爱、友善之情。志愿服务生动诠释了中华传统文化中的厚德仁爱、乐善好施的思想要义，志愿服务的出发点和落脚点都是无私奉献、传递爱心，同时志愿服务的整体过程贯彻着爱心和善意，是个人小爱的汇聚和集中，以社会大爱的形式奉献给大众，更多的是在人与人之间的善意和爱意的互动中，实现志愿精神和价值观的升华。大学生在参与志愿服务的过程中将爱心和善心传递，将志愿服务中友爱互助的质朴真情加以汇聚，实现志愿精神的感染和传递，同时将其内化为自身人格品质的重要组成，从而为向上向善、友爱互助社会环境的创建贡献力量。二是有助于培育学生的责任担当意识，激发学生的家国情怀。大学生积极参与志愿服务活动，不仅有助于培育学生的社会责任意识，促使学生接棒时代的发展使命，同时有助于激发学生的家国情怀，培育学生的爱国热情，促使学生将个人的发展与社会的发展结合在一起，展现新中国新青年的精神风貌。通过引导学生积极参与社会志愿服务事业的建设和发展，促使学生在志愿服务中培育敢于担当、乐于奉献的价值观念，以提升学生自觉承担社会使命的积极主动性。此外，志愿服务作为一种社会实践活动，是学生以实践的形式了解国家的政治、经济、文化、生态等各个领域的重要方式，成为拓宽学生国家认知、增强学生家国意识、提升学生对国家认同感和归属感的有效渠道。而爱国主义是社会主义核心价值观的本质要求，大学生作为国家繁荣富强的推动者，培育学生的爱国情怀，强化学生的社会责任意识，促使学生将爱国之情具象化地表达在志愿服务中，引导学生成长为敢担当、肯奋斗的新时代好青年。三是培育学生的敬业精神，提高学生的集体意识。敬业作为社会主义核心价值观中公民个人层面的重要价值准则，是中华民族的传统美德，不仅关乎个人的成长成才，也与国家兴盛息息相关，体现的是对工作的热爱和拼搏，从本质上说是一种奉献精神。大学生参与志愿服务工作，必须以认真踏实、恪尽职守、精益求精的工作态度，积极向上、务实能干的工作精神展现其对志愿服务事业的热忱之心，以确保志愿服务工作质量和工作成效的优质性。在此过程中能够积极培育学生在工作中严谨、认真、踏实、努力、负责的精神，同时也能够提高学生组织能力、配合能力、协调能力等综合实践能力。此外，大学生积极参与志愿服务也有助于培育学生社会公共意识，促使学生参与国家的现代化建设和社会治理，引导学生参与社会"大集体"中新型社会治理格局的建设，培育学生的公共精神，激发学生参与社会治理工作的自觉性和主动性，促使学生通过志愿服务增加社会阅历，丰富学生的精神世界。四是强化学生的道德素养，健全学生的人格体系。坚定理想信念，提升大学生的道德修养是高校德育教育的主要目标，也是健全学生人格体系、强化学生精神文明建设的关键要素。志愿精神作为学生精神文明建设的一部分，大学生通过参与志愿服务培育志愿精神，有助于激发学生的道德情感，提升学生的道德情操，使学生在志愿服务中提高自我要求，约束自身行为，做有价值、有意义的事情，在帮助和服务他人的过程中提升自身的仁爱意识、责任意识、团体意识和奉献意识等。同时也能磨炼学生的意志，提高学生自主发现问题和解决问题的能力，促使学生在志愿服务中坚定理想目标，为实现目标追求而勇往直前。五是帮助学生养成良好的行为习惯和价值观念，在志愿服务中培育学生守时守约、遵守规章制度的生活工作习惯，促使学生在志愿服务中汲取精神力量，并且将志愿精神长久地保持下去，从而对学生的思想价值产生更加深远长久的影响。

志愿精神与大学生社会主义核心价值观培育的问题和原因分析

本章主要在上述理论研究和实践调查研究的基础上，重点针对目前我国大学生志愿精神和社会主义核心价值观培育中存在的问题进行梳理和总结，同时以不同主体为切入点，深入分析其中的影响因素，目的在于为后续培育对策的构建提供依据。

一、问题分析

（一）大学生志愿服务队伍建设力度不足，志愿活动覆盖面小

大学生志愿服务队伍是培育与践行大学生志愿精神和社会主义核心价值观的重要支撑，加强大学生志愿服务阵地的建设，创建完整的大学生志愿服务体系，才能有序地推动大学生志愿服务工作和志愿精神培育工作的顺利开展。目前，大部分高校关于大学生志愿服务队伍建设体系尚不健全，在组织构建、项目策划、制度建设、资源保障以及文化营造等方面仍有不足。一是大学生志愿服务组织构建问题，部分高校在大学生志愿服务队伍创建中缺乏宏观的领导和设计，同时负责大学生志愿服务的专门部门和工作人员缺乏，影响志愿服务活动的规范化、有序化、科学化、组织化开展。此外，部分高校未能结合高校自身的办学特色和

专业特色创建不同类型的志愿服务队，也未创建由学校、院系到专业和班级自上而下的志愿服务衔接机制，影响高校志愿服务队伍的建设力度。二是大学生志愿服务项目的种类和形式存在同质化的现象，且项目的呈现形式较为单一，志愿服务对象主要以农村儿童、社区孤寡老人等社会群体为主，体现大学生志愿服务的领域面较窄，未及时根据社会发展加以全面的调整和补充，导致学生参与服务项目中出现程式化和积极性不高的现象，不利于学生志愿精神的培育和社会主义核心价值观的践行。三是制度机制建设尚不健全，主要体现在以社会主义核心价值观为引导的大学生志愿服务制度创建缺乏深度，存在形式化的现象，未将具体的责任落实到人，无法对大学生志愿服务活动的开展提供具体的实践指导和帮助。也存在制度机制创建缺乏针对性和效果不明显的问题。四是资源保障欠缺问题，主要体现在针对大学生志愿服务的资金、技术、人才、基地、设备设施等方面基础保障投入不足，未能满足目前大学生开展志愿服务的多样化需求。五是文化建设力度不足。高校应营造良好的文化氛围，创建培育大学生志愿精神和社会主义核心价值观的良好校内校外环境，发挥文化的引领和熏陶作用，促使学生在潜移默化中强化对志愿精神和社会主义核心价值观的认知，从而进一步将志愿精神践行在志愿服务中。然而目前校内校外文化环境的创建力度仍旧不足，需要充分发挥各方主体的力量，为大学生积极参与志愿服务营造良好的环境氛围。

以社会主义核心价值观为引领，在高校育人活动中深植志愿精神，创新开展大学生志愿服务工作，以志愿服务为载体，促使大学生志愿者群体在社会志愿服务活动中树立正确的价值观念，不断提升思想境界，为文明社会风尚的培育和创建贡献力量。大学生作为社会主义事业的建设者和接班人，不仅是国家和社会的重点培育对象，也是社会各界关注的主要群体，大学生的精神文明面貌代表着中国最新的形象，也是整体社会公民精神面貌的集中展示和反映。因此，只有发挥大学生在国家精神文明创建中的引领和带头作用，才能在社会范围内形成正面的示范效应，从而促使更多的公众投身到志愿服务创建中，切实提升国家与民族的凝聚力。其中志愿服务是大学生志愿精神和社会主义核心价值观的生动践行，然而目前我国大学生参与志愿活动的覆盖面未能满足社会志愿服务的发展需求。一方面，部分学校志愿服务开展的类型较少，同时志愿服务开展中对人员数量、人员身份、人员能力等方面的要求限制较多，导致大学生志愿服务的参与率较低。部分学生因缺少获取志愿服务活动相关信息的渠道，以及对志愿服务为载体的志愿精神和社会主义核心价值观缺乏深入的了解，影响志愿服务活动整体的普及率。另一方面，部分学生的自我奉献意识不足，忽视了参与志愿服务对自身长远发展及社会建设方面的积极意义，抱有不愿参加或者参加功利性目的较强的态度，导致志愿服务的真实作用和意义未得到充分的彰显和发挥，也影响志愿精神在大学生群体内部的传播和弘扬，不利于在校内校外环境中形成崇尚志愿服务的良好社会风尚。

（二）大学生志愿精神培育缺乏常态化，志愿活动建设不全面

大学生志愿精神和社会主义核心价值观的培育与践行是一项系统化和长期工作，需要实现志愿精神和社会主义核心价值观在大学生成长和发展各个环节中的完全渗透，才能促使大学生将志愿精神和社会主义核心价值观内化于心、外化于行。然而目前大学生志愿服务开展和志愿

精神培育缺乏长效化机制建设，部分高校未能创建常态化的培育机制，导致高校师生对志愿精神培育的重视度不足，没有长久、持续地对学生产生深远的影响。大学生志愿精神与社会主义核心价值观培育需要在一定的时间和环境内形成，借助志愿服务这一载体开展实践活动，引导学生在持续性、长久性的志愿服务活动中不断积累经验，更新自身的思想理念，同时帮助学生建立更加完整的价值观体系。因此，高校对大学生长效机制的建设显得尤为重要，尤其是要将志愿服务融入高校教育与管理的各个环节和步骤中，真正实现高校立德树人教学目标和教学任务下大学生志愿精神的培育与践行。然而纵观目前高校对大学生志愿精神培育工作的开展现状，发现大学生志愿服务缺乏常态化，具体体现在：一是部分高校未能根据大学生志愿服务的需要构建完善的志愿服务体系，包括志愿服务工作队伍创建、志愿服务规章制度建立、志愿服务平台创建以及志愿服务推广机制建立等方面内容，同时部分高校在经费提供、活动举办等方面也缺乏长远的规划和指导，导致学生参与志愿服务存在间断性，不利于学生志愿精神和社会主义核心价值观的长期培育。二是高校教育工作和管理工作涵盖高校育人活动的方方面面，只有将志愿精神的培育融入高校教育工作和管理工作的全过程中，才能在提升育人成效的同时，实现对学生志愿精神和价值观的全面培育。目前部分高校忽视了志愿精神与高校教育管理工作的深度融合，单单将志愿服务作为一项独立性的工作开展，忽视了志愿精神培育工作与高校教育管理工作在育人本质上的一致性，导致志愿服务工作的开展对校内其他资源的利用率降低，同时也直接影响志愿服务工作的质量及志愿精神和社会主义核心价值观的培育成效。三是部分学生对长期参与志愿服务的积极性不足，将更多的时间和精力放在专业能力的提升上，参与志愿服务的频次较低，同样也影响志愿服务长期育人效应的发挥。

大学生志愿服务工作是一项共同建设、共同创造和共同发展的实践活动，不仅需要构建长效化机制，也需要建立协同机制和保障机制，以确保以志愿服务为载体的大学生志愿精神和社会主义核心价值观能够在全过程、全方位、全员化的格局下培育与践行。然而目前在现实工作中，此方面仍有需补充和完善的地方。一是协同机制不健全。志愿服务是以社会环境为主要阵地开展的，大学生参与志愿服务不仅能提升自身的综合素养，也能促进社会的建设和发展。因此，必须充分发挥高校、政府、家庭、社区、社会组织等各方主体的积极作用，才能形成协同效应，实现高校育人与社会发展的同向而行。目前对各方主体的协同机制创建尚未完善，各方主体之间的交流和合作缺少，未积极地整合校内校外资源形成育人共同体，校内校外对大学生志愿服务的衔接度不足，缺乏协同育人理念下志愿精神和社会主义核心价值观培育的顶层设计、育人计划、育人方案、育人内容、育人评估等方面的共同创建，导致大学生整体志愿服务的覆盖面未得到全面的扩散。二是保障机制不健全。为进一步扩大大学生志愿服务的活动面，实现志愿服务活动的广泛开展，需要各方主体提供更多的资源保障，给予更多的支持，从而进一步推进大学生志愿服务工作的常态化开展。就现有保障机制来看仍存在一些问题，主要体现在各方主体在推进大学生志愿服务工作的过程中出现政策法规不健全、资金提供不足、激励保障机制不完善、平台建设力度不足等问题。其中政策法规不健全主要体现在学生参与志愿服务的过程中容易遭遇不公平待遇及受骗等现象，不仅打击学生参与志愿服务的积极性，也损害我国志愿服务工作的良好形象，不利于在社会范围内形成广泛的志愿精神推广宣传效应。资金保障主要是指大学生参与志愿服务活动中在物资筹备、人员组织、交通食宿、场地布置等方面的开支，尤其是大学生自行开展的志愿服务活动，缺少资金的支持，不仅影响大学生的组织参与热情，也影响志愿服务的整体质量。激励保障机制主要是指影响大学生参与志愿服务的正面因素，为提升大学生参与志愿服务的积极性，引导大学生长期参与到社会志愿服务中，必须优化和完善激励机制，采用互助等多样化的形式促使学生以更高的热情主动参与志愿服务活动的建设和实施。目前，各方主体针对大学生志愿服务激励机制的建设尚不健全，未结合大学生的实际需求及大学生成长发展的特点建立与之相适应的激励机制，不利于激发大学生志愿服务的生机与活力。平台建设不足同样也影响大学生志愿精神的培育成效。在学生具备正确的志愿服务认知且较高的参与意识的前提下，尽可能地为学生提供多样化的服务项目，为学生搭建多元化的服务平台，为学生创建更多参与志愿服务的机会。当下，部分各方主体缺乏提供针对大学生的志愿平台，可供学生参与的志愿平台和项目较少，加大了学生参与志愿服务的难度。除此之外，志愿服务相关组织是大学生与志愿服务之间的桥梁，也是大学生参与志愿服务需要依靠的组织保障，志愿服务组织的管理与服务直接影响大学生志愿精神和社会主义核心价值观的培育效果和质量。当前大学生志愿服务组织在管理方面存在一些问题，主要存在内部规章制度不健全、培训机制不完善、志愿者管理不到位等方面的问题。例如，志愿组织在招募志愿者的过程中存在不筛选的现象，仅按照志愿者的人数招募，同时对招募的志愿者缺乏深度的调查和了解，导致未能结合志愿者的兴趣爱好、专业性质、能力特长等进行志愿服务活动的匹配，造成资源浪费的同时，也不利于提升大学生的参与积极性，将导致大学生志愿服务的工作质量大打折扣。

（三）志愿精神培育定位存在不准确性，参与志愿活动存在功利性

社会主义核心价值观中强调要坚持以人为本的基本原则，指出要尊重群众的主体地位，集中关注人们的利益诉求和价值愿望，促进人的全面发展。而大学生志愿精神培育也要坚持以人为本的基本原则，既要尊重大学生的主体地位，也要注重志愿服务对象的核心需求，只有这样才能实现大学生志愿精神与社会主义核心价值观培育及志愿服务质量的全面提升。然而目前大学生志愿精神培育过程中存在主体定位不清晰、不准确的现象，忽视了志愿精神的实质性内涵和价值意义。主要表现为志愿服务活动开展中仅仅将志愿者作为免费劳动力使用，没有准确把握大学生志愿精神培育的深刻内涵，将大学生志愿精神培育中着重强调的价值认同感培育、思想信仰培育、情感认同培育等内容置于志愿服务之外，导致一些大学生志愿服务活动的开展丧失原本的意义。在此过程中，大学生参与志愿服务仅仅是以免费劳力的形式，不仅影响大学生对志愿服务的理解及对志愿精神的解读，同时也导致大学生参与志愿服务的积极性严重降低，志愿服务所承载的志愿精神和社会主义核心价值观培育成效将有所降低。此外，志愿服务活动要立足服务对象，针对服务对象的现实需求提供针对性的帮助，并且在帮扶的过程中要坚持奉献、友爱、互助、进步的志愿精神，以及在社

会主义核心价值观的引导下遵循联系实际的原则，要找准与受助者思想的共鸣点和群众利益的交会点，才能提升志愿帮扶的实效性，推动社会的发展和进步。纵观当下大学生志愿服务现状，不难发现部分志愿服务中存在形式化的现象，忽视了受助对象的真实需求，导致志愿服务背离初衷。例如，部分大学生志愿服务的对象主要以农村留守儿童、社区孤寡老人为主，帮扶形式主要以物质上的帮助为主，未能在了解其真实需求的基础上制定完整的帮扶措施，忽视了部分帮扶对象情感上的需求；部分大学生志愿者在参与志愿服务的过程中往往采用特定的方式和特定的对象开展帮扶，这种形式化的志愿服务影响服务范围的扩散，导致更多有帮扶需求的对象难以真正获得帮助。长此以往，大学生志愿服务的形式和内容将被固化，志愿精神和社会主义核心价值观的内涵将被弱化，导致志愿服务在社会文明创建、和谐社会构建以及青年社会主义核心价值观培育中的价值作用难以体现。

志愿精神是一种无私奉献精神，在志愿服务中的体现是大学生无偿、自愿且积极主动地参与志愿活动，帮助更多需要帮助的人，并且不求任何回报。然而目前部分大学生在参与志愿服务活动中存在功利性目的明显的现象，并未达成在志愿精神和社会主义核心价值观引导下的自发行为，更多的是出于参与志愿服务所带来的与自身利益相关的回报。大学生参与志愿服务的出发点和动机的完全功利性反映目前大学生群体在价值观培育等方面仍有不足，同时也加大了大学生志愿精神培育的难度。主要表现为部分大学生参与志愿服务是为了获得表彰、学分以及工作履历等，大学生参与志愿服务的初步动机功利性较高，使志愿精神的培育效果难以实现，也容易使部分大学生在志愿服务的活动中出现态度不端正、工作不负责、遇到困难退缩等问题，难以实现对大学生志愿精神和社会主义核心价值观的高效培育。

二、原因分析

（一）学校因素

高校是落实立德树人教学目标的主要阵地，也是培育学生志愿精神和社会主义核心价值观的重要场所。因此，高校对大学生志愿精神和社会主义核心价值观培育中体现的宏观规划、机制体系建设、协同育人作用发挥、培育形式和内容等都将成为培育质量的关键性影响因素。其中高校对志愿服务的顶层设计和目标设置不清晰，部分高校对大学生志愿精神培育的重视程度不足，而更加注重学生专业知识和能力的培育，缺乏对大学生志愿精神和社会主义核心价值观培育的统筹规划和顶层设计，未能清晰地认识到大学生志愿精神和社会主义核心价值观培育的重要价值意义。因此，高校志愿服务的组织和开展缺乏顶层设计上的引导，不仅培育目标不清晰、不深入，也存在志愿服务活动开展形式化的现象，更多注重志愿服务开展活动对学校整体形象的宣传和推广，忽视了对其中育人价值和育人属性的全面挖掘，直接导致大学生志愿精神和社会主义核心价值观培育受阻。此外，志愿精神和社会主义核心价值观培育是高校育人体系中的重要内容，高校必须将其纳入高校育人活动的整体计划和布置中，将其渗透到学生学习生涯的每一个阶段，促使其在学生成长发展的每一个环节都发挥重要的育人作用。然而当下高校针对志愿精神和社会主义核心价值观培育缺乏系统性和长期性的战略规划，没有针对学生的成长和发展需求，制定长期的战略指导，具体表现在志愿服务的开展缺乏持续性和长效性，志愿精神和社会主义核心价值观培育也未与高校育人活动进行高度融合，在培育计划、培育方案、培育目标、培育内容、培育形式等方面缺乏长期设计和阶段性设计，导致大学生志愿服活动开展和志愿精神培育存在不连续性，难以对学生产生深刻且长远的影响。

志愿服务是高校落实学生志愿精神和社会主义核心价值观培育的重要形式，高校志愿服务育人机制和育人体系的完善是确保志愿服务全方位开展的基础保障。目前高校志愿服务育人机制和育人体系建设尚不完善，一是志愿服务课程体系欠缺。部分高校未结合高校的办学特色和办学定位，以及不同专业的育人需求，设置与志愿服务相关的理论与实践课程，没有编写相应的教学教材，导致学生对志愿服务、志愿精神以及社会主义核心价值观的理论内涵和实践践行掌握不到位。同时在高校思政教育中将重点放在学生专业素养和职业素养的培育上，针对志愿服务、志愿精神的教育内容少之又少，导致学生难以系统性、全面性地把握志愿精神的源起、内涵、价值意义和践行路径。二是志愿服务教师力量欠缺。教师是学生开展志愿服务、培育志愿精神的重要指引者和推动者，目前部分高校在开展志愿精神培育的过程中缺乏高质量的教师团队，大部分将其列入思政教育的范畴，由思政教师代为开展志愿服务教学。然而部分思政教师并未参与过志愿服务，对志愿服务的组织形式、活动内容、人员构成等了解和掌握不足，仅仅通过理论上的教学难以促使学生产生深入的理解，同时也造成学生对志愿精神和社会主义核心价值观的把握浮于表面。三是志愿服务实践活动较为单一。志愿服务实践活动的开展是加深学生理论理解，促使学生从实践中获得新体验、新感受，并且将其内化为自身的精神指引和行为指导的关键因素。然而在现实活动中，部分高校针对志愿服务的理论与实践比重严重失调，理论教学内容占比较高，对志愿服务实践活动的开展内容不足，同时志愿服务实践活动存在形式化和同质化的现象，大部分高校开展志愿服务的主题内容、组织形式较为统一，未结合本校学生的发展特色，也没有深入挖掘社会的迫切需求，导致志愿服务活动的开展不仅达不到提升学生思想观念和价值素养的要求，也未能满足社会发展的全面需求。四是志愿服务管理机制尚不健全。高校志愿服务管理机制涉及志愿服务组织构架、人员配备、制度创建、机制保障等方面内容，只有创建完善的志愿服务管理机制，才能确保志愿服务活动的有效开展，才能在志愿精神和社会主义核心价值观的指导下，发挥志愿服务载体的积极作用，实现对大学生社会主义核心价值观培育的最终目的。目前部分高校缺乏对志愿服务管理机制的创建，大部分是在学生自发行为下创建的志愿服务团队，高校相关管理部门的参与度较低，仅仅是提供资金上的帮助，并未发挥其统筹规划和协调沟通的主导地位和作用，导致校内各方资源无法形成高度的聚集和有效配置，影响志愿服务工作的顺利运行，同时由于学生的社会经验和社会能力有限，并且部分学生具有功利性的志愿服务目的，导致整体的志愿服务开展缺乏科学性、规范性、指导性和有效性，也造成志愿服务活动的开展缺乏宏观规划和核心价值观引领。同时也应注意到目前高校志愿服务管理中缺乏制度机制建设，主要包括志愿服务规章制度、志愿服务法律法规、志愿服务激励机制、志愿服务评价机制、志愿服务监督机制等方面建设不足的问题。例如，监督机制建设不完善，加上部分学生仅仅是通过志愿服务活动完成学业学分要求，因此在参与志愿服务的过程中存在态度敷衍、工作不认真、志愿服务意识不足的现象，造成大学生参与志愿服务的不连续性和短期性，从长远来看将会对整体大学生志愿精神和社会主义核心价值观培育产生不利的影响。上述问题不仅导致志愿服务活动缺乏规范性和有序性，也无法保障学生在参与志愿服务中的合法权益，也造成学生参与积极性不足，以及志愿服务活动难以获得实质性的进步和发展等问题。

高校对大学生志愿精神和社会主义核心价值观的培育需要校内各方主体的协同合作，在形成协同效应的基础上更好地发挥志愿服务的载体作用，为大学生志愿精神培育提供组织上的支持和保障。当下部分高校各方培育主体之间的协调配合力度不足，协同机制不健全，影响整体的培育质量提升。具体来说，主要是高校党委、团委、志愿服务管理机构、思政教师以及辅导员等主体之间缺乏有效的交流和互动，导致各方主体对自身在培育中的职责属性并不明确，各方主体自成一派，未能将自身的优势资源加以高度融合，造成培育资源的浪费。同时也未形成在高校党委和团委的统一领导下，以教师理论与实践教学为主导，辅导员发挥协助作用为辅助的大学生志愿精神与社会主义核心价值观培育的大格局，影响整体的培育进度和培育效果。此外，高校对大学生志愿精神和社会主义核心价值观培育的宣传推广力度不足，同样也影响培育范围的扩大。一方面体现在高校未将志愿精神和社会主义核心价值观培育融入校园文化建设中，没有充分发挥校园文化对大学生潜移默化的熏陶和影响作用，忽视了培育工作在学生日常生活中的影响力，同时高校也未能充分发挥校园媒体和新媒体的作用，实现大学生志愿精神和社会主义核心价值观的广泛宣传和推广。具体来说，如校园广播、校园电视、校报、校园微博、校园微信以及校园抖音等在培育中的应用并不明显，不利于在校园环境中形成良好的宣传引导效应。

（二）学生因素

大学生是志愿精神与社会主义核心价值观培育的主体，大学生的思想观念、价值追求、社会认知等影响着志愿精神和社会主义核心价值观的培育。目前大学生志愿精神与社会主义核心价值观培育中主要存在大学生认知不足、大学生存在功利性心理等方面的影响因素。大学生对志愿精神和社会主义核心价值观的认知不够深刻，部分大学生将重点放在专业知识和技能的提升上，对志愿服务为载体的志愿精神和社会主义核心价值观的关注度不高，同时对高校的思政教育、德育教育等思想价值教育工作不重视，导致部分大学生难以深刻理解和把握志愿精神中的深刻内涵，同样对社会主义核心价值观的理论内涵掌握不足，也就难以将其转化为自身思想上的引领和行为上的向导，不利于大学生在志愿服务等实践活动中践行志愿精神和价值观。也存在部分大学生对志愿精神和社会主义核心价值观认识模糊的现象，直接将志愿精神定义为公益活动，对其内涵理解不够深入，对社会主义核心价值观的掌握仅仅停留在24字基本内容上，未能针对性地从国家、社会以及个人层面加以区分和学习。并且部分大学生对志愿服务、志愿精神以及社会主义核心价值观三者之间的内在逻辑关系梳理不清晰，导致大学生难以通过志愿服务这一社会实践载体来培育志愿精神和社会主义核心价值观。此外，大学生的社会阅历和社会经验不足，志愿精神和社会主义核心价值观的培育不仅仅是理论知识上的输出，更需要学生在实践活动中进一步践行，并且通过志愿服务活动实现理论知识体系的内化和补充。部分大学生参与志愿服务活动的频次较少，加上其思想价值观念尚不成熟，容易受到外界声音的影响，导致大学生对志愿精神和社会主义核心价值观的学习和领悟不到位，未能将其外化于行。

此外，大学生参与志愿服务功利性的倾向也是影响培育成效的主要因素。通过实践调查发现，部分大学生参与志愿服务的动机局限于获得称赞、获取表彰、获得学分等方面，说明目前大学生在借助志愿服务践行志愿精神和价值观的过程中缺少对志愿精神和社会主义核心价值观的深刻领悟，功利性的志愿服务动机直接影响大学生在志愿服务中的整体表现，同时也不利于大学生正确价值观的培育与内化，也就是说志愿服务活动的开展并未达到原有的引导大学生形成正确价值观的效果。最后，大学生参与志愿服务的能力也是志愿服务效果的重要影响因素，同时也是大学生参与志愿服务积极性的影响因素。目前大学生志愿服务正朝着项目类型多样化、服务主体多元化的方向发展，这对参与志愿服务的大学生群体提出了更高的要求。而现实中部分大学生在参与志愿服务的前期未经过正规、全面的培训，导致大学生在参与志愿服务的过程中缺乏基础技能，同样也成为部分大学生未曾参加过志愿服务的重要因素。

（三）社会因素

受全球化思潮的影响，外来思想冲击着大学生的价值观念，部分不正确的思想观念成为影响大学生志愿精神和社会主义核心价值观培育的主要社会因素。大学生正处于思想价值观念定型的关键时期，对新思想、新观念的接受度较高，同时也较容易受到不良思想的冲击和影响，从而增加大学生志愿精神和社会主义核心价值观培育的工作难度。外来不良思想价值观念主要涉及以下几种：一是极端个人主义，这与志愿精神中的奉献精神相违背，极端个人主义强调以个人的利益为中心，导致部分大学生将个人的利益放在首位，忽视了集体利益和社会利益的维护，同时也导致大学生形成自我为中心，忽视他人需求的一种错误思想和观念。二是功利主义思想，主要是指参与某事的目的本质上是为了满足自身的某种需求，更多是想通过某件事情获取一定的反馈。功利主义导致大学生志愿精神和社会主义核心价值观培育未得到深入推进，使大学生在志愿服务过程中注重回报和反馈，这与志愿精神中自愿参与、不求回报的精神导向相违背，并且将会在大学生群体中形成不正确的价值传播，从而造成不良社会风气的传播。三是享乐主义，享乐主义是指以享乐为主，与积极进取呈对立的一种形态，大学生受到享乐主义的影响，导致其安于现状，不愿接受思想上的更新及行为上的指导，同时也不愿意投身于志愿服务事业中，影响大学生社会主义核心价值观的培育。

大学生志愿精神和社会主义核心价值观的培育需要以社会环境为主要场所，在开展志愿服务的过程中加深理解，从而强化培育效果。然而目前社会环境的营造存在一些问题，影响大学生参与志愿服务的积极性和社会主义核心价值观培育质量。一是社会各方主体对大学生志愿服务的认知不够深刻，对大学生志愿精神和社会主义核心价值观培育的关注度较低，部分人员将大学生志愿服务与免费劳动力直接画等号，并未从培育大学生志愿精神的角度来对志愿服务活动进行整体设计和布置，导致社会主体在培育中处于缺失的状态。长此以往，不仅会造成大众对大学生志愿服务及大学生志愿精神培育的认知偏差，同样也打击大学生参与志愿服务的积极性，导致大学生对社会志愿服务的内涵和认知产生怀疑，直接加大大学生志愿精神培育的难度。二是社会志愿组织针对大学生志愿群体的管理机制和培育机制并不健全，导致大学生参与志愿服务存在形式化现象。一方面，志愿组织缺乏针对大学生群体的规章制度和法律制度的保障，大学生在参与志愿服务过程中的权益难以得到充足保护。同时志愿组织与高校之间的沟通和协调不到位，未能对参与志愿服务的大学生加以详细了解，导致大学生参与志愿服务的作用未得到充分发挥。另一方面，存在激励机制、监督机制和保障机制不完善的现象，未能解决大学生参与志愿服务的后顾之忧，影响大学生参与志愿服务的积极主动性。同时社会志愿服务组织没有针对部分缺乏志愿服务经验的大学生开展相应的培训和指导工作，导致大学生参与志愿服务存在畏难情绪。上述因素导致大学生志愿服务工作难以长久持续稳定地开展，进一步降低大学生志愿精神和社会主义核心价值观的培育效果。三是目前社会环境中呈现的趋利性及社会竞争力的不断增大，影响大学生的思想价值观念和精神世界，除市场经济环境中的趋利思想和西方思潮的侵袭使大学生产生个人主义和利己主义思想之外，目前我国人才市场的竞争力不断上涨，导致大学生面临较大的生存和就业压力，造成大部分大学生的就业焦虑心态，大学生为"装饰"自身的履历，往往通过参与大量的志愿服务来彰显社会实践经验，这导致大学生参与志愿服务的动机中存在较大的功利因素，也造成大学生参与志愿服务工作更多注重最终荣誉、表彰等称谓，导致志愿精神的培育难以达到最初的预期。

（四）家庭因素

家庭是学生成长和发展的第一场所，也是学生志愿精神和社会主义核心价值培养的主要阵地，家长的价值观念和言行举止将对学生产生潜移默化的影响。一是部分家长长期将重心放在学生学习成绩和专业技能的提升上，在日常生活中忽视了对学生思想道德和价值观的教育，甚至部分家长对学生存在过分溺爱的思想和行为，缺乏正确的引导和教育，导致学生形成以自我为中心的思想意识，从而使学生在大学阶段更加注重自我的感受和利益，缺少对他人和社会的关注，缺乏一定的社会责任意识和公共服务意识，导致学生难以对志愿精神中体现的奉献、友爱、互助等内涵进行深刻的理解和掌握，进一步影响学生社会主义核心价值观的培育和践行。二是家长的行为习惯是学生践行志愿精神和社会主义核心价值观的重要向导，家长的示范领头行为能够对学生产生积极的促进作用，从而促使学生从初期的模仿转变为自主培育和践行。部分家长对志愿服务缺乏了解，参与志愿服务的频次少之又少，家长难以形成高度凝聚的志愿精神。在此背景下，也就无法针对性地引导学生通过志愿服务来培育志愿精神和社会主义核心价值观，同时在家庭教育中造成志愿精神培育缺失的现象。此外，部分家长引导学生参与志愿服务的动机存在功利性，未能结合高校立德树人的教学目标，将培育学生志愿精神，引导学生形成正确的价值观念，将提升学生的道德修养放在首位，更多的是出于提升学生的人际交往能力、增长学生的见识、提高学生的实践工作能力等，加上部分学生参与志愿服务是为获取家长的表扬等，最终导致家庭场所培育志愿精神和社会主义核心价值观的功能丧失。

第六章

志愿精神与
大学生社会主义核心价值观
培育的路径构建

本章主要是在上述研究的基础上，结合目前大学生志愿精神和社会主义核心价值观培育的育人需求，以高校、学生、社会、家庭为切入点，尝试从培育的对策建议方面给予一定的支持，以期为大学生志愿服务体系的优化和完善，以及大学生志愿精神和社会主义核心价值观培育质量的提升做出实际贡献。

一、高校加强顶层设计，优化志愿服务机制

新时代青年要做有理想、有担当、有信念的青年，培育与践行志愿精神和社会主义核心价值观是培育足以担当民族振兴大任新青年的主要要求。在此背景下，高校必须积极发挥育人的主体地位，积极引导学生成为志愿精神和社会主义核心价值观的学习者、信仰者、传播者和践行者，才能在高校立德树人教学目标的指引下，促使学生成长为党和国家事业发展的主力军。总体来说，高校要通过优化和完善志愿精神和社会主义核心价值观培育体系、健全志愿服务载体的育人机制、提供充足的保障措施、营造良好的校园文化环境等措施确保培育效果。

一是高校完善培育体系。高校要充分发挥在大学生志愿精神和社会主义核心价值观培育中的主导作用，加强统筹规划和宏观部署工作，制定完整的培育计划、培育方案、培育内容和培育形式，同时为培育工作的开展提供充足保障。首先，高校要做好顶层设计工作，同时优化和完善培育组织和管理机制，为大学生志愿精神和社会主义核心价值观培育提供组织和管理上的保障，使培育工作以科学化、规范化、有序化的方式开展。一方面，高校要明确培育目标，作为一项复杂的系统性工作，必须明确培育目标，才能发挥目标在培育工作中的领航作用，确保培育工作在方向和道路上的正确性。总体来说，要在高校立德树人教学目标的指引下，结合高校的办学特色和办学定位，以社会主义核心价值观为导向，引导学生通过理论与实践一体化的培育模式，帮助学生树立正确的价值观念，强化学生的道德修养。另一方面，高校要做好组织协调工作，通过构建专门的组织机构来负责培育工作的全面协调和有序推动。在高校党委的统一领导下，发挥校团委的组织协调作用，强化培育工作中各部门之间的协作能力，实现人力资源的高度整合和配置。其次，高校要创建完整的课程教学体系，目的在于加深学生对志愿精神和社会主义核心价值观的理解，促使学生在把握和领略其内涵和价值的基础上，激发学生的情感认同，并且鼓励学生在社会实践活动中践行。一方面，高校要开发志愿精神和社会主义核心价值观培育校本课程，以中华优秀传统文化为汲取资源，结合高校的创办历史和办学宗旨，针对高校不同院系不同专业的培育前景和培育方向，在立德树人教学目标的指引下，开设线上线下校本课程，从理论教学层面强化学生的认知。同时也要积极发挥思政课程在育人中的主渠道作用，将志愿精神和社会主义核心价值观纳入思政教育的核心内容中，以专题教育的形式提升学生对培育工作的重视度。教师通过将名人事迹、志愿服务大型项目、志愿服务等教学案例，融入教学内容中，以此激发大学生参与志愿服务、践行志愿精神和社会主义核心价值观的积极性，从而进一步提高课程育人的效果。另一方面，强化教师的教学素养，提升教师的教学能力。高校具体通过培训、研修、竞赛等形式提高教师对培育工作的思想认识，同时促使教师的人文素养、思政素养、信息素养等综合素养获得全面发展，并且通过创建教师交流基地的方式，实现教师之间的互动和交流，促使教师之间的经验得到互相学习和借鉴。也应注意到发挥教师在大学生培育工作中的示范带头作用，通过组建教师志愿服务队的形式，鼓励教师多多参与不同类型的志愿服务，不仅能促使教师通过志愿服务强化对志愿精神和社会主义核心价值观的体验，以进一步优化和完善教师的教学体系，使教师的教学内容更具说服力。同时也能产生模范带头作用，激发学生的模仿积极性，鼓励高校大学生以身体力行的方式参与到志愿服务中，从而实现教学成果的实践延伸。最后，教师要不断丰富教学模式和教学方法，为学生创建和谐愉快的教学环境。例如，教师通过搭建线上线下的混合教学模式，引入翻转课堂教学方法，以切实提高学生学习的积极主动性；通过引用项目驱动教学、情境模拟教学、小组教学等形式加强学生之间的互动和交流，发挥同学在培育中的正面影响作用。教师通过上述方式引发学生的共鸣，不断开阔学生的眼界，提高学生参与志愿服务的意愿，从而更加顺利地实现志愿精神和社会主义核心价值观培育内容的融入。

二是健全高校志愿服务载体的育人机制。志愿服务活动是检验和提高学生志愿精神和社会主义核心价值观培育成效的关键路径。因此，必须建立健全大学生志愿服务体系，引导大学生积极参与志愿服务活动，实现志愿服务在高校大学生培育工作中的全面覆盖。首先，高校要不断拓宽大学生参与志愿服务的渠道，为大学生参与志愿服务提供丰富多样的活动种类，提高大学生参与志愿服务的积极主动性。一方面，高校要积极主动地与企事业单位、社区、志愿服务组织等社会组织机构进行合作与交流，创建互动协作平台，实现对校外大学生志愿服务资源的高度聚集和整合，通过完善大学生志愿服务保障机制、对接机制、培训机制、评价机制等，确保大学生参与志愿服务活动的流畅性，切实提高大学生参与志愿服务的质量。另一方面，高校要积极强化大学生志愿服务信息平台的建设，实现校内校外志愿服务资源的全面共建共享，为大学生参与志愿服务提供信息数据方面的支持。例如，高校通过创建大学生志愿服务活动网站，通过及时更新志愿服务活动相关政策和信息、完成大学生志愿者认证、生成大学生志愿服务证书、参与大学生志愿服务讨论等页面建设，确保大学生参与志愿服务的规范性、安全性和高效性。其次，明确高校各部门的管理职责，创建大学生志愿服务队伍。大学生参与志愿服务需要发挥高校组织管理部门的统一性和领导性，高校通过创建大学生志愿服务工作组织结构，以高校党委领导组织管理为核心，在各职能部门的组织配合下实现对大学生志愿服务工作的统一安排和部署，确保大学生参与志愿服务全过程顺利推行。此外，高校也要强化大学生志愿服务队伍建设工作，通过对校内不同院系、不同专业有意愿参与志愿服务的学生加以摸排统计，引导学生完成志愿者认证工作，同时积极鼓励学生在高校的统一领导和管理下，创建不同类型的大学生志愿服务队。在为校内志愿服务队伍提供资源保障、资金保障和机制保障的前提下，为大学生提供更多志愿服务的机会，鼓励在校每一位大学生都能积极参与志愿服务实践活动，促使学生在志愿服务活动中再次深刻感受志愿精神和社会主义核心价值观的影响。最后，高校要进一步完善大学生志愿服务机制，包括激励机制、考核评估机制、宣传机制等。其中高校激励机制的建立是提高学生参与志愿服务的重要因素，高校要在人才培养目标的指导下，合理地融合大学生志愿服务，将大学生志愿服务作为高校人才培养中的重要组成部分，将学生参与志愿服务的质量作为学生评优竞选的衡量标准，同时将大学生参与志愿服务纳入学分管理中，以此提升学生的参与率。高校考核评估机制的建立要注重多样化形式和多元化主体的构建，同时也应注意到大学生参与志愿服务是一项长期性、系统性的工作计划，也是一项持续性和动态性的活动。因此，在评价机制的建立中要注重对大学生参与志愿服务的过程性评价的融入，从而确保评价评估的准确性和真实性，重点以大学生参与志愿服务的频次、周期、时长、类型、角色定位、团体合作等作为衡量大学生参与志愿服务的态度、能力、质量的重要指标，以此综合评估大学生参与志愿服务产生的个人价值和社会效果，同时也要注重将志愿服务组织、大学生志愿服务接收单位、高校大学生志愿服务管理组织、教师、大学生志愿服务队伍等主体融入评价机制建设中，通过多方主体的参与全方位实现对大学生多角度的评价，确保评价最终成果的公平公正性。高校宣传机制的建立是扩大大学生志愿服务范围的有效渠道，通过扩大宣传范围，使大学生自愿参与志愿服务形成奉献意识，提高大学生的思想道德感，促使大学生在志愿服务的实际行动中践行志愿精神和社会主义核心价值观，强化大学生的服务意识和社会责任意识。高校主要通过志愿服务宣讲、志愿精神为主题的汇演活动、志愿服务线上宣传、志愿服务理论讲座、志愿服务演讲竞赛等活动实现志愿服务在高校内部的广泛宣传，以多样化的宣传形式促使志愿精神成为学生的精神指引，将志愿精神和社会主义核心价值观的高尚性和教育性充分地展现出来，发挥宣传机制在高校大学生志愿精神和社会主义核心价值观培育中的积极促进作用。

三是构建大学生志愿服务长效化机制，发挥大学生专业综合能力。首先，创建大学生志愿服务长效化机制，确保志愿精神和社会主义核心价值观培育的持续性。高校要在国家大型志愿服务项目的指引下，积极响应配合国家志愿服务项目在高校内部的落地。例如，大学生志愿服务西部计划。是由团中央、教育部、财政部、人力资源和社会保障部联合实施的一项专为西部基层提供志愿服务的国家计划。高校要积极鼓励大学应届毕业生和在校研究生以支教团的形式参与国家西部计划的实施，充分发挥大学生大型志愿项目的品牌影响力，在高校内部形成广泛的带动效应，在大学生中间树立参与志愿服务的良好风尚。国内各大高校形成联动效应，在国家政策的支持下，找准社会的迫切需求，推出更多具有时代意义和育人价值的大型志愿服务项目，并且推动项目的长期有效实施，以此发挥重大志愿项目的引领和带头作用，在社会范围内催生与此相适应的小型志愿服务项目，由此充分实现大学生志愿服务项目主渠道作用的发挥。其次，高校要建立大学生志愿服务中日常活动的长效化机制，主要是以高校所在地为主，与当地的乡村、社区等形成长期对接工作，为大学生制定长期志愿服务计划和方案，并且将其与高校的育人计划形成高度融合，以此确保大学生志愿精神和社会主义核心价值观培育的稳定性。例如，在高校校团委的引领下，鼓励大学生积极参与社会实践活动，组织大学生参与环保、宣传等志愿服务活动，利用社区资源和乡村资源，为当地提供公益性的志愿服务，基本解决居民和村民日常生活中的困难。最后，充分发挥大学生的专业优势，促使大学生的优势在志愿服务中得到充分彰显，是凸显新时代大学生志愿服务群体特色的重要方式。高校要立足校内不同院系不同专业的发展特色，根据大学生所学专业加以划分，发挥不同专业的学术优势和技能优势，在高校内部成立专业特色鲜明的志愿服务队。例如，法学学科一方面能够在大学生志愿服务的规章制度和服务条例建设和完善中发挥作用，另一方面也能参与下乡普法志愿服务；农学类专业能够在国家乡村振兴战略的实施中，为推进农业农村现代化建设做出贡献；艺术类专业能够结合国家的发展和时代的主题，将中华优秀传统文化、志愿精神等融入艺术创作中，以艺术展览和艺术展演的形式实现大范围的宣传和推广。高校将专业学科与志愿服务项目进行高度融合，不仅能提高学生的参与积极性，促使学生的专业特长在实践中得到充分发挥，也能提高大学生志愿服务的质量，提升学生对志愿服务的认同感，展现大学生参与志愿服务的时代价值。此外，也要注重多学科多层次志愿服务团队的打造，积极发挥学科之间交叉融合的作用，丰富志愿服务团队的类型，促使队内大学生志愿者实现全面的交流和学习，充分满足当前社会对大学生志愿服务的多方面需求。

　　四是打造良好的校园文化环境，发挥校园文化的浸润作用。校园文化环境的创建对大学生志愿精神和社会主义核心价值观的培育起着重要的积极作用，能够与课堂教学中的显性教育形成互补，以更加隐性的方式借助校风校纪、环境打造、学生活动等形式对学生产生潜移默化的影响，积极发挥校园文化培育的功能作用。第一，要发挥校内各方主体的作用，打造一支以培育学生志愿精神和社会主义核心价值观为主要目标的校园文化建设专职队伍，其中涵盖教师、管理人员、学生、辅导员等多方主体，发挥主体之间在信息交流、协作配合上的作用，全力推进高校校园文化建设工作。具体来说，要在充分发挥高校党委和团委引领作用的基础上，依托高校管理部门，融入高校教师团队和学生会等主体，创建一支校园文化建设的专兼职队伍，在充分整合和利用校内资源的背景下，形成志愿精神和社会主义核心价值观培育的协同效应。其中高校党委要发挥领导作用和战斗堡垒作用，在校园文化建设中以核心引领的地位存在，主要负责校园文化建设的顶层设计和宏观规划工作；高校团委主要是在校党委的领导下开展相应的校园文化建设专项工作，作为连接大学生与高校党组织之间的桥梁，以丰富多彩的学生文化活动实现志愿精神和社会主义核心价值观的渗透式教育；高校辅导员是大学生成长和发展过程中的陪伴者和推动者，参与大学生学习及日常生活的方方面面，是掌握大学生思想动态的主要群体，能够在高校党委和团委的指导下积极配合校园文化建设工作，确保各项校园文化环境创建工作落到实处；学生会作为学生社团组织，是学校联系广大学生的桥梁和纽带，在校园文化建设中能够将学生的意愿和学生的想法加以表达，以此扩大校园文化建设的影响力。校园文化建设队伍要发挥代表性的作用，在校园文化建设中提出针对性的建议，同时也要积极配合其他主体的工作，确保各方主体的作用得到最大限度的发挥。具体来说，主要是在高校党委宏观规划和顶层设计的基础上，实现将志愿精神和社会主义核心价值观融入校园文化建设的计划和方案中，同时针对各方主体的主要功能和作用，将具体的责任落实到人，实现队伍内部各方主体的协调分配，从而为积极落实大学生志愿精神和社会主义核心价值观培育工作奠定人员保障。此外，高校教师作为校园文化建设的主力军，也要作为辅助力量积极配合校园文化建设工作的开展，涉及各专业教师、思政教师、通识课教师等全体教师人员，能够充分发挥教师在教学中的引导作用，将学生的学习情况、思想情况以及实践参与情况等加以反馈，促使校园文化建设在全方位了解学生发展需求的基础上加以开展。一方面，思政教师要充分发挥思政育人的主渠道作用，促使学生在深入理解志愿精神和社会主义核心价值观内涵的基础上，鼓励学生积极参与校园文化建设，通过发挥课堂教学的作用，实现校园文化培育效果的延伸。另一方面，各专业教师也要发挥专业课育人的重要作用，在充分把握学生学习、思想等方面特征的基础上，以提升校园文化建设的针对性，同时借助专业课教学的传播作用，增强学生参与校园文化环境建设的积极性。除此之外，也要完善相应的机制体制，确保校园文化建设队伍充分发挥作用，高校通过完善培训机制、激励机制、监督机制等方式强化队伍的整体能力，同时提升队伍中工作人员的工作积极性，不断激发队伍的创新创造能力，从而为志愿精神和社会主义核心价值观与校园文化建设的深度融合提供动力支撑，促使校园文化建设专兼职队伍能够更好地参与校园文化建设，促使其在校园文化建设中的环境打造、文化传播、活动组织等方面建言献策，从而共同推进大学生志愿精神和社会主义核心价值观培育工作。第二，实现志愿精神和社会主义核心价值观在校园文化建设中的全面渗透。通过对目前高校文化中的物质文化、精神文化、网络文化等加以全面梳理，将志愿精神和社会主义核心价值观培育贯穿至不同类型文化建设的全过程中，真正对大学生产生全方位的影响和教育。主要是在高校党组织的统一领导下，由高校宣传部、团委等管理部门统一规划部署，重点针对宣传栏、校园媒体、校园建筑等物质文化；校风校纪、班规班纪等精神文化；校园新媒体等网络文化进行布局。全力将志愿精神和社会主义核心价值观的内涵融入校园文化建设中，同时借助现有校园文化促进专兼职队伍的创建和宣传推广，以多样化的形式和丰富多彩的内容对校园文化建设加以详细落实，以此引导学生自觉学习和践行志愿精神和社会主义核心价值观。具体来说，在物质文化建设中，高校要针对图书馆、教学楼、宿舍楼、办公楼等校内建筑，以及校内景观、雕塑等物质载体，通过形象设计、空间布局规划等形式实现志愿精神和社会主义核心价值观的传播和弘扬。例如，山东大学在校园物质文化建设中，以高校内部的标志性景观和建筑为切入点，重点突出社会主义核心价值观中的民族精神和时代精神教育，校园内部的标志性建筑展现了学校的历史沿革、发展特色，促使学生在感受校园文化历史魅力的同时，增强学生的爱国情怀，坚定学生的理想信念。同时借助校园景观，对校园内部的山、水、园、林、路等进行规划布局，促使其实现审美功能、教育功能和实用功能的全面统一，并且在公共场所内设置与社会主义核心价值观相符合的雕塑、书画作品，以为学生打造良好的育人环境，促使学生在校园文化环境的熏陶下不断丰富自身的精神世界，树立正确的价值观念。在精神文化建设中，高校要立足本校的办学特色、办学定位、办学历史、校风校纪、师风师德等精神文化内涵，实现志愿精神和社会主义核心价值观与高校内部精神文化建设的深度融合。尤其是高校历史文化是高校精神文明创建的重要资源，彰显着高校从初步创建到成熟发展过程中体现的文化传统、优质经验、育人成就和初心使命，对大学生志愿精神和社会主义核心价值观的培育具有凝心聚力的重要作用。通过对高校历史文化资源加以挖掘和整理，并进行提炼，针对其中展现志愿精神和社会主义核心价值观的素材资源加以整理，在校园内部加以宣传推广，以激励学生从中汲取精神力量，促使学生以此为思想价值的指导，引导学生在实践活动中加以践行。此外，校风校训建设也是高校精神文化建设的重要组成部分，校风校训是高校精神文化的集中体现和直接反应，是学生思想价值观念和道德修养形成的参照和指导。将志愿精神和社会主义核心价值观与校风校训加以融合，一方面有助于发挥高校校风对大学生精神价值的引领作用，为学生积极参与志愿服务、培育社会主义核心价值观提供精神动力支撑；另一方面有助于发挥校训的约束和规范作用，激励大学生将校训作为行动指南，促使学生在校训的指导下深刻践行志愿精神和社会主义核心价值观。例如，南开大学以校训为载体实现社会主义核心价值观在高校文化建设中的深度融合，引发校内大学生的共鸣。诞生于五四运动中的南开大学，在 1934 年纪念南开学校建校 30 周年，提出"允公允能，日新月异"的校训，意在教育学生要养成热爱国家、热爱社会的情怀，同时要具备服务社会的能力，以及培育学生形成创新发展的时代精神。随后在将社会主义核心价值观融入校训文化建设的过程中，南开大学首先对校训进行解读，将校训中的"公"理解为追求富强、民主、文明、和谐的国家情怀，实现自由、平等、公正、法治的社会环境，持有爱国、敬业、诚信、友善的人生操守，将校训中的"能"理解为报效国家、服务社会，将"公"中体现的价值观念以实际行动来践行，将"日新月异"理解为在培育和践行"公""能"的过程中要秉持创新精神和创造能力，要结合时代的发展和社会的需求不断更新自身的理念，创新践行方式方法，如此便将社会主义核心价值观以南开校训的特有形式进行解读，并将校训的传承和发展作为载体，实现社会主义核心价值观在南开校园文化建设中的全面融入。同时南开大学生通过采用讲校史、唱校歌、诵校训、参观纪念馆、评选"伯苓班"奖学金等形式和活动，将南开校训中体现的社会主义核心价值观的新内涵全面渗透到高校育人活动中，促使南开学子真正将社会主义核心价值观内化于心，外化于行。校园网络文化作为校园文化建设的新型阵地，是新时代培育大学生志愿精神和社会主义核心价值观念的重要领域，高校网络文化是学生借助互联网渠道进行网上学习、娱乐、社交等活动，也是新时代大学生学习和生活中的重要组成部分。因此，创建良好的网络文化，促使学生在应用互联网的过程中接受思想价值上的引导和教育，实现网络宣传教育主阵地的打造，为学生创建风清气正的网络环境。一方面高校通过强化网络技术实现对不良信息的过滤和屏蔽，防止学生受到不良信息的侵害；另一方面，高校要充分发挥互联网技术在志愿精神和社会主义核心价值观宣传推广中的积极作用，依托高校官方微博、微信、抖音等新媒体平台，以互联网平台为教育阵地，不断扩大志愿精神和社会主义核心价值观对大学生的影响力。例如，高校借助抖音平台创建以志愿服务为载体的志愿精神和社会主义核心价值观宣传推广账号，以视频的形式对学生的志愿服务活动加以记录，同时对其中呈现的志愿精神和社会主义核心价值观加以解读，同时充分挖掘抖音平台的应用功能，充分利用其评论、私信、话题带入等互动方式，及时地了解和掌握学生的思想动态，顺利推进高校志愿精神和社会主义核心价值观培育工作。第三，积极开展校园文化活动，以校园文化活动为载体，以实践活动承载志愿精神与社会主义核心价值观，促使学生在实践活动中增强体验感和获得感，引导学生将培育的理论知识外化为实践行动，不断激发大学生自觉践行志愿精神与社会主义核心价值观的积极主动性。首先，在高校党委团委的统一领导下，以党团内部活动开展的形式强化对学生党员和团员的培育，在此基础上发挥学生党员和团员的模范带头作用，激励高校更积极地参与到校园文化活动的建设和开展中，以进一步扩大培育对象的影响范围。例如，在高校党团内部开展理论讲座、专题培训活动，融入志愿精神和社会主义核心价值观主题内容，实现党建工作和育人工作的高度融合，同时也能进一步发挥党建工作的引领作用，打造"党建＋志愿服务"的品牌形象，进一步扩大志愿精神的影响范围和培育成效。此外，高校党团也能通过成立宣讲团的形式增强学生党员团员之间的经验交流，以党员团员参与的志愿服务为交流话题，以心得体会为主要交流内容，以激发广大学生党员团员的积极性，同时促使大学生在交流互动中进一步增强精神力量，强化学生的志愿服务意识，引领更多的大学生积极参与志愿服务活动，且在志愿服务活动中增强社会责任意识和家国意识，培育学生的奉献精神和集体意识，焕发大学生在志愿服务中践行志愿精神和社会主义核心价值观的积极意识。其次，高校要充分发挥学生社团的纽带作用，学生社团是以学生为中心，是由学生自愿组成的，能够直接反映大学生审美爱好和价值观念的学生组织。学生社团活动是高校文化活动中最为活跃，且波及范围较广的一种活动，能够充分地调动大学生的参与积极性和参与热情。因此，高校要借助学生社团活动实现志愿精神和社会主义核心价值观的培育工作，不仅要在社会主义核心价值观的引导下创建社团内部的规章制度、机制体制、社团文化，也要培育和践行志愿精神，以社会主义核心价值观为宗旨积极开展多样化的社团活动，在高校内部打造社团品牌活动，促使学生在宽松愉快的环境中进一步实现对志愿精神与社会主义核心价值观的内涵把握，从而扎实推进高校培育工作的全面化开展。例如，华东理工大学生的志愿公益类社团，秉持"奉献、有爱、互助、进步"的志愿服务精神，通过公益活动的形式实现志愿精神和社会主义核心价值观的深度践行和培育。在校园内部创建健康向上的文化环境，其中致力于乡村支教的春晖社、以积极主动助残倡导授予文化的益方手语社等，都将在社会主义核心价值观的引导下，结合社团创办的初衷和特点，将志愿精神践行在每一次志愿服务的行动中。西北工业大学生在整合校内校外实践资源的基础上，依托高校内部学生社团，发起"领航行动"社会实践大型项目，以满足偏远地区学生第二课堂教学的目标，以"线下支教团开展志愿服务＋校内学生社团开展线上志愿服务"的融合模式，为学校定点帮扶地区的乡村教育注入活力，借助高校学生社团的力量，实现高校志愿服务项目的高质量发展，同时激发校内大学生参与志愿服务模范践行队伍，为高校大学生志愿精神和社会主义核心价值观培育工作的稳步推行创造条件。最后，高校要以重大节日、重大事件和重要活动为契机，以志愿精神和社会主义核心价值观培育为核心，积极推动培育工作的开展，在丰富校园文化活动的同时发挥其潜移默化的育人功能。例如，结合世界志愿者日、中国青年志愿者服务日、学雷锋纪念日、中国大学生校园文化节等重要节点，依托学术讲座、主题辩论、竞赛活动等形式，实现对学生的志愿精神和社会主义核心价值观的培育，强化学生的思想道德修养，在高校内部形成新时代大学生志愿精神和社会主义核心价值观培育新风尚。例如，华中师范大学在学雷锋纪念日到来时，为进一步弘扬雷锋精神和培育学生核心价值观，引导校内青年志愿者积极参与校园志愿服务文化活动，主要以建党百年志愿服务行动、青年志愿者服务社区计划、专项关爱活动、助农兴农志愿活动、志愿服务助力生态文明事业发展行动等形式，促进志愿精神与社会主义核心价值观在全校范围内广泛传播与培育，引领高校大学生在深入理解和认识志愿精神与社会主义核心价值观的基础上加以践行。

二、学生强化自我教育，主动培育志愿精神

发挥大学生在培育工作中的主体作用，针对影响大学生志愿精神和社会主义核心价值观培育的因素，着重以激发大学生的主观能动性

为入手点，引导大学生在培育工作中提高自我培育和践行意识。

一是增强大学生对培育工作的认同感，强化学生的认知。大学生只有在充分认识和掌握志愿精神和社会主义核心价值观内涵，领略培育工作重要价值意义的基础上，才能激发其参与培育工作的自觉主动性。因此，政府、高校以及志愿服务组织等主体要加大对志愿精神和社会主义核心价值观的宣传和推广工作，以线上线下结合宣传的方式，不断扩大推广的范围。在此基础上，大学生也要发挥自我主动性，根据社会发展的要求，采用线上文献学习和线下实践参与的形式强化自我认知，从而对志愿精神和社会主义核心价值观产生全面的、系统化的认识。同时也要提升对参与志愿服务活动的情感认同，引导大学生通过参与志愿服务活动来优化和补充自身的思想价值体系。根据不同志愿服务的发起目标、内容形式、人员配合的不同，促使大学生从中产生不同的情感感悟和思想感悟，确保大学生从中获得积极、健康的情感归属，将有助于激发大学生长久、持续参与志愿服务的积极性和热情。因此，各方志愿服务组织者要做好统筹规划，注重大学生在志愿服务中的情感体验，促使大学生对志愿服务产生深入认知和情感认同的基础上，使大学生主动树立正确的价值观念，主动践行志愿精神。

二是大学生要积极参与志愿服务，激发内生动力。志愿服务是大学生培育工作中的重要元素，大学生只有通过参与志愿服务活动，在不同领域提供志愿服务，才能加深其对志愿精神和社会主义核心价值观的理解和把握，并且通过志愿服务不断提高自身的综合实践能力，促使学生在志愿服务中实现志愿精神的内化，并且促使社会主义核心价值观和志愿精神成为学生成长发展的内生动力，实现学生综合素养和综合能力的全面提升。因此，大学生要积极主动参与志愿服务，以新时代志愿服务的相关要求为依据，不断提高自身的志愿服务能力，积极参与志愿服务组织提供的前期培训，同时通过提高实践能力确保志愿服务活动的开展质量。

三、社会加强保障力度，营造良好培育环境

大学生志愿精神和社会主义核心价值观培育是提高高校育人质量，更好地满足社会用人需求，促使学生成长为社会主义建设者和接班人的重要保障。而志愿服务作为一项公益性的社会事业，是社会精神文明建设、社会治理体系创建的重要内容，因此，大学生志愿精神和社会主义核心价值观培育需要社会各方主体的积极参与，在充分认识培育工作价值意义的基础上，整合各类社会资源，为大学生培育工作的开展创建良好的社会环境。

一是建立健全制度机制，提供基础保障。建立健全大学生志愿精神和社会主义核心价值观培育的制度机制，在当地政府的统一领导下，发挥各志愿服务组织和企事业单位的主体责任作用，为大学生开展志愿服务活动提供基础保障，为大学生培育工作的开展创建积极向上的外部环境。首先，政府要提供政策支持和资金保障，重点针对大学生志愿服务活动的开展提供资金和政策上的帮助，吸引更多的大学生以践行志愿精神和社会主义核心价值观的精神参与到志愿服务事业中。例如，在提供资金帮助时，除财政拨款和财政补贴之外，政府也要积

极调动企事业单位的支持，鼓励更多的企业承担主体责任，提供资金上的帮助，从而鼓励更多的社会资本投入大学生志愿服务事业建设中。其次，建立激励机制，为激发大学生的内生动力，提高大学生主动培育志愿精神和社会主义核心价值观的自觉力，社会应健全激励机制，主要以物质奖励和精神奖励相结合的形式驱动大学生将个人发展和社会发展结合在一起，引导大学生在凸显个人价值的同时，展现自身社会价值。具体来说，政府要以大学生参与志愿服务的频次、时长、质量、种类等作为衡量依据，制定相应的衡量标准，同时为符合条件的大学生志愿者提供物质和精神上的奖励，包括颁布志愿者证书、公开表彰等，以及政府联合高校和企业等主体实现激励机制的优化和完善，学校层面以政府给予的表彰和奖励为依据，给予学生学分支持、校内表彰等，在校内形成广泛的宣传推广效应，鼓励其他学生参与到社会志愿服务事业的建设发展中，同时企业层面也要将志愿精神与社会主义核心价值观作为人才招聘的重要考核依据，将学生在志愿服务中的整体表现作为企业人才招聘的考量因素，鼓励大学生通过志愿服务活动积攒社会实践经验，同时从中提炼志愿精神和社会主义核心价值观内涵，并将此作为就业创业实践活动的精神引领和支撑。还要提供法律上的保障，以大学生志愿服务工作为核心，制定相应的法律法规，解决大学生在志愿服务中遇到的不公平、不公正现象，合理维护大学生参与志愿服务的合法权益，促使大学生放心、安心地投身到志愿服务中。例如，政府要对志愿服务组织、大学生志愿服务招募方等团体进行摸排，同时出台相关的法律法规，为大学生志愿服务组织内部组织结构、规章制度、管理培训的优化和调整提供法律上的指导，坚决从法律层面维护志愿者的利益，解决志愿者的后顾之忧。最后，要完善大学生志愿者招募和注册机制，确保志愿服务载体工作能够顺利地开展。具体来说，要建立专业性和权威性较高的国家性志愿服务机构，健全大学生志愿者登记、注册管理制度，借助志愿服务信息平台的正规渠道实现大学生志愿者和大学生志愿服务相关信息的整体整合和汇总，从而强化志愿服务接收单位和大学生志愿者之间的联系，实现志愿服务多方主体之间的信息共建共享。同时也要注重大学生志愿者安全隐私的保护，通过完善法律条例、建立规章制度、强化人员素质等方式来加强对于大学生的个人信息安全保护，以此来解决大学生参与志愿服务的后顾之忧。

二是搭建志愿服务平台，创建良好的社会环境。首先，地方各级党委和政府要为大学生志愿服务活动的开展搭建更多的机会平台，引导企事业单位和志愿服务组织针对大学生主体创新志愿服务内容和形式，为大学生参与志愿服务给予更多的支持，积极推动大学生志愿服务工作的常态化建设。同时鼓励各地在政策上放宽对志愿服务组织的要求，降低志愿服务组织的登记申报门槛，鼓励支持各地方根据当地志愿服务的特色需求建立志愿服务组织孵化基地，结合大学生的成长和发展特色，立足大学生的专业特长，为以大学生群体为主要构成的志愿组织提供特色项目开发、技能提升等方面的服务，发展一批具有时代精神和志愿精神的大学生特色志愿服务组织。其次，引发社会群体关注，明晰培育目标，共筑培育家园。社会各群体对大学生志愿精神和社会主义核心价值观培育的支持是创建向上向善社会环境、提高大学生培育工作成效的重要因素。因此，必须着力提升社会各界人士对志愿精神和社会主义核心价值观培育的重视程度，并在此基础上，端正志愿服务组织及大学生志愿者需求方的认知，促使其在开展志愿活动的过程中，将大学生精神和价值的培育作为志愿服务的宏观目标和宗旨，并将其贯穿志愿服务活动的各个环节，以确保志愿服务在培育中的载体作用得到充分发挥。一方面，要加强宣传推广，在社会范围内形成志愿精神和社会主义核心价值观培育践行的良好风气，同时要引导社会各界积极支持和帮助大学生培育工作的开展，以提升大学生对培育工作的认同感和自豪感，强化大学生自主培育与践行志愿精神的主动性。主要通过发挥传统媒体和新媒体的传播作用，借助互联网技术，以志愿精神和社会主义核心价值观为主题，通过电视、报纸、广播、抖音、微博、微信等平台，以模范人物宣传、模范事迹表彰、志愿服务活动宣传等为主要内容，在社会范围内形成奉献、友善、互助的良好氛围，推动大学生志愿精神和社会主义核心价值观的快速养成。另一方面，也要转变现有的不良社会风气，避免负面价值观对学生造成的侵害，不断提高学生的辨别能力，帮助学生形成正确的思想价值观念。具体来说，要针对目前市场环境中出现的功利化趋势，通过健全市场规章制度来规范市场主体的行为，加强监管力度，营造公平、诚信的营商环境和竞争环境，为市场环境的净化做出贡献，同时为奉献精神、利他精神的培育奠定基础，进而影响学生志愿精神的培育，端正学生参与志愿服务的态度，使学生保持志愿服务精神的初心参与志愿服务活动，从而提高培育工作质量和水平。

三是完善大学生志愿服务接收单位的工作机制，确保大学生参与志愿服务的有效性。首先，大学生志愿服务接收单位要端正态度，树立正确的志愿服务和志愿精神观念，不能单单将大学生作为志愿服务的免费劳动力对待，要明确志愿服务活动作为大学生志愿精神和社会主义核心价值观培育的载体作用，也要积极承担起作为大学生培育工作的主体责任。将大学生志愿精神和社会主义核心价值观培育作为志愿服务活动的主要目标之一，并在此引导下做好统筹规划和宏观策划，对大学生志愿者进行全面摸排，找准志愿服务项目和大学生之间的契合点，根据志愿服务中岗位的现实要求开展大学生招募工作，从而有效激发大学生参与志愿服务的积极主动性，强化志愿服务在培育工作中的载体功能。其次，大学生志愿服务接收单位要完善工作机制，针对大学生志愿服务活动的开展明确保障机制、监督机制和激励机制等，以确保大学生参与志愿服务的质量和水平。其中资金和物资保障必不可少，大学生作为没有稳定收入的群体，需要长期稳定的物力和财力保障，以确保大学生参与志愿服务的稳定性和长久性。志愿服务接收单位也要优化和完善评价机制，通过创新评价形式和丰富评价主体的方式发挥评价机制创建的作用，主要通过与高校协同合作，打造过程性评价和结果性评价相结合的评价机制，同时以学生、其他志愿者、接收单位和高校为评价主体，实现评价的科学性、合理性和完整性，并以评价结果为依据，为后续大学生志愿服务工作机制的进一步优化，以及大学生志愿精神和社会主义核心价值观的培育奠定基础。最后，要确保对接单位开展志愿服务工作的持续性和长期性，从而确保志愿服务载体作用的稳定性发挥，因此对接单位要积极参与到高校大学生志愿服务工作的建设中，根据大学生志愿精神和社会主义核心价值观培育的宗旨以及大学生志愿服务工作的总体目标，制定高校大学生志愿服务长期对接计划、对接方案、对接机制、对接形式、对接项目等内容，确保大学生志愿服务能够长期开展，确保大学生志愿服务工作能够持续性地发挥作用。

四是推动大学生志愿服务能力素质的增强，改善大学生志愿服务环境。首先，加强大学生志愿服务基地的建设，通过设计志愿服务站的形式，建立更多配备职能人员且志愿服务项目规范的大学生志愿服务基地，为实现大学生志愿服务对接工作提供社会条件，确保大学生参与志愿服务的正规性和有效性。同时要创建更多志愿服务项目，拓宽志愿服务的领域，扩大大学生参与志愿服务的面积和范围，强化大学生志愿服务的影响力。各地方要立足当地实际，在充分调查研究的基础上，根据当地民生的实际需求，结合大学生的发展特点，创建更多灵活多样且适配度高的大学生志愿服务项目，在提高大学生志愿服务项目成效的同时，深化大学生志愿精神和社会主义核心价值观培育效果，从而形成相得益彰的良好格局。其次，强化组织上的领导和宣传推广工作。当地政府构建党政领导下，由民政负责、各部门协同参与、高校与社会参与的工作格局，将大学生参与志愿服务纳入当地社会发展和城市综合实力彰显中的重要因素，以提升社会各方主体的重视，同时也要发挥政府、企事业单位以及志愿服务组织在宣传推广中的重要作用，大力宣传推广大学生志愿精神和社会主义核心价值观培育以及大学生参与志愿服务的优秀事迹，在社会内营造大学生参与志愿服务的良好环境。

四、发挥家庭主体作用，引导志愿精神培育

家庭作为教育学生的第一场所，家长是培育学生的第一任老师。因此，在大学生志愿精神和社会主义核心价值观培育中要充分重视家庭的基础教育工作。积极发挥良好家风对价值观的塑造以及对精神文化的熏陶作用，同时也要发挥家长的引领示范和言传身教作用，从而为大学生正确价值观培育和健康人格形成创建和睦的家庭环境。

一是发挥家风家训的涵养作用。树立正确的家风家训是帮助学生塑造正确价值观的基础。作为社会主义核心价值观的落脚点，打造社会主义核心价值观内涵、理念以及目标相一致的家风，将有助于为学生志愿精神和社会主义核心价值观的培育与践行营造良好的文化环境，并且促使学生形成且保持正确的价值观念，并在日常的生活和行为习惯中加以践行。良好的家风已经成为大学生形成奉献、友爱精神的文化土壤。因此，要在中华优秀传统家风文化和道德文化中汲取精华，为学生带来心灵上的净化和精神上的指导。主要是将中华优秀传统文化中修身齐家治国平天下融入家庭教育中，引导学生自觉把个人利益和国家利益结合起来，同时促使学生从家庭中获得思想道德和社会主义价值观念上的教化，从而潜移默化地帮助学生自觉践行志愿精神和社会主义核心价值观，以及提高学生的辨别能力，防止学生受到不良信息和思想的影响。此外，也要充分发挥家风家训的载体作用，将志愿精神和社会主义核心价值观融入家训文化中，以家风家训的具象化形式对学生产生教育和引导作用，从而在日常教导中促使学生不自觉地领悟志愿精神和社会主义核心价值观的深刻内蕴，并且对其中的思想精髓加以内化和延伸，以社会实践活

动的形式生动践行。家风家训文化诞生于家庭这一特殊的环境中，是以中华优秀传统文化为根基，以新时代社会主义核心价值观为引领，对学生优秀人格的培育有着重要的价值作用。例如，家训文化中帮助他人、邻里互助等思想与现代志愿精神中的友爱、奉献理念不谋而合，更是对社会主义核心价值观中个人价值层面的生动诠释，成为大学生思想价值培育的文化土壤。因此，积极发挥家训文化在大学生培育工作中的重要作用，借助家训文化在培育中的渗透性和感染性，实现志愿精神和社会主义核心价值观在学生日常生活中的全面融入，促使学生在家风家训中受到积极的影响，切实提高大学生对培育工作的认同感，依托家训文化对志愿精神和社会主义核心价值观的涵养作用，将此深化为学生思想和价值上的支撑。

二是提高家长的培育意识，发挥家长言传身教作用。家长的言行举止对学生形成正确价值观和良好行为习惯有着重要的影响作用。因此，家长在推进培育工作的过程中首先要端正自身的培育态度，提高对学生思想价值和精神文明建设的重视程度，积极配合高校的培育工作，为全员培育工作的开展创建良好的家庭环境。其次，家长要积极发挥榜样模范的领头和示范作用，做好学生成长发展中的引路人，以自身的实际行动为学生做好表率，促使大学生在家庭教育中以效仿和学习的形式达到培育的效果。一方面，家长要主动学习志愿精神和社会主义核心价值观的内涵和价值意义，从而在内心深处产生对培育工作的高度认同，同时也要通过自我学习不断提升思想道德观念，并且积极探究将培育工作落实在家庭教育中的有效方式，以夯实大学生培育工作的基础。另一方面，家长要通过积极参与志愿服务活动引发学生的效仿行为，与学生分享志愿服务经历和心得体会，激发学生参与志愿服务的积极性，发挥家长在培育工作中的榜样影响力。最后，家长要充分收集和整理身边的志愿服务资源，引导学生自主参与到志愿服务中，在创建和谐家庭关系的基础上，促使学生通过参与多样化的社会实践活动来强化培育效果和质量。

参考文献

[1] 马克思恩格斯选集（第 1 卷）[M]. 北京：人民出版社，1995.

[2] 马克思恩格斯选集（第 4 卷）[M]. 北京：人民出版社，2012.

[3] 列宁专题文集 . 论社会主义 [M]. 北京：人民出版社，2009.

[4] 毛泽东选集（第 1 卷）[M]. 北京：人民出版社，1991 .

[5] 邓小平文选（第 2 卷）[M]. 北京：人民出版社，1994.

[6] 习近平谈治国理政（第 1 卷）[M]. 北京：外文出版社，2014.

[7] 习近平 . 给"郭明义爱心团队"的回信 [N]. 人民日报，2014-3-5.

[8] 习近平 . 在全国抗击新冠肺炎疫情表彰大会上的讲话 [N]. 人民日报，2020-10-16.

[9] 习近平 . 致中国志愿服务联合会第二届会员代表大会的贺信 [EB/OL].http:// www. xinhuanet.com/ politics/ leaders/2019-07/24/c_1124792815.htm，2019-7-24.

[10] Edward F.Deroche.Marry M.Williams.Education Hearts and Minds:Acomprehensive Character Education Framework[M].Corwin Press, Inc, 1998.

[11] Jacoby B. Service learning in higher education:Concepts and Practice[M].San Francisco:Jossey_Bass Publishers,1996.

[12] Clary E.G, Snyder M.The motivations to volunteer:Theoretical and practical considerations[J].Current Directions in Psychological Science, 1999, 8 (5).

[13] Lockwood A.L.The Effect of Values Clarificationand Moral Development

Curricula on School-age Subjects:ACritical Review of Recent Research[J]. Review of Educational Research, 1978.

[14] [美] 保罗·杰·伊尔斯利. 志愿者教育导论 [M]. 李桂福, 戴汝潜, 译. 石家庄: 河北教育出版社, 1993.

[15] 丁元竹, 江汛清. 志愿活动研究: 类型、评价与管理 [M]. 天津: 天津人民出版社, 2001.

[16] 李亚平, 于海. 第三域的兴起——西方志愿工作及志愿组织理论文选 [M]. 上海: 复旦大学出版社, 1998.

[17] 张晓红. 论志愿服务教育 [M]. 北京: 人民出版社, 2017.

[18] 佘双好. 志愿服务概论 [M]. 武汉: 武汉大学出版社, 2013.

[19] 邓正来. 国家与市民社会: 一种社会理论的研究路径 [M]. 北京: 中央编译出版社, 2002.

[20] 沈杰. 志愿行动: 中国社会的探索与践行 [M]. 北京: 人民出版社, 2009.

[21] 联合国开发计划署. 志愿精神在中国 [M]. 北京: 北京出版社, 1999.

[22] 谭建光. 中国特色的志愿服务与青年发展——《实施中长期青年发展规划（2016—2025 年）》的多维度研究 [J]. 中国青年社会科学, 2021(1).

[23] 江畅. 西方价值观检视 [J]. 武汉科技大学学报 (社会科学版), 2020(4).

[24] 戴木才. 引导大学生自觉践行社会主义核心价值观 [J]. 思想理论教育导刊, 2019(2).

[25] 李爽, 金玲玲, 王婷, 等. 大学生对社会主义核心价值观认知和践行情况调查分析 [J]. 学校党建与思想教育, 2020(24).

[26] 胡雪梅. 让志愿服务文化深入人心 [J]. 人民论坛, 2018(34).

[27] 金艳, 朱煜. 大学生志愿精神的新时代意蕴 [J]. 学校党建与思想教育,

2019(2).

[28] 李玮，林伯海. 新时代中国志愿精神的内涵特点与培育践行 [J]. 学习与实践，2018(10).

[29] 杨威. 大学生志愿服务的三个乱象：让大学生志愿服务活动回归初心 [J]. 人民论坛，2018(19).

[30] 王管. 社会主义核心价值观深度融入志愿服务的机制驱动探析 [J]. 毛泽东思想研究，2016，33(4).

[31] 陆莎莎. 新时代大学生志愿精神价值认同的思考 [J]. 高教论坛，2021(1).

[32] 张雪，金艳. 论新时代大学生志愿精神培育的着力点 [J]. 学校党建与思想教育，2020(23).

[33] 张晓红，苏超莉. 大学生"被志愿"：志愿服务的自愿性与义务化 [J]. 中国青年社会科学，2017，36(1).

[34] 赵少华，王华琳. 新时期高校志愿服务发展的机遇、挑战与对策 [J]. 中国青年研究，2017(12).

[35] 何晓梅. 以志愿服务为载体培育大学生社会主义核心价值观 [J]. 学校党建与思想教育，2018(12).

[36] 郭孝锋，张蓓蓓. 以志愿服务为载体的大学生社会主义核心价值观培育研究 [J]. 学校党建与思想教育，2017(12).

[37] 沈杰. 志愿精神在中国社会的兴起 [J]. 中国青年政治学院学报，2009，28(6).

[38] 王民忠，狄涛. 基于需要理论的大学生志愿服务动机研究 [J]. 思想教育研究，2013(10).

[39] 胡凯，杨欣. 论大学生志愿服务的思想政治教育功能 [J] 思想政治教育研究，

2010(2).

[40] 刘和忠，吴宇飞．大学生志愿者活动问题分析 [J]. 中国青年研究，2011(11).

[41] 王为．关于大学生志愿者服务活动长效机制建设的思考 [J]. 思想理论教育导刊，2011(2).

[42] 狄涛．大学生志愿服务工作的理念创新与机制建构 [J]. 中国高等教育，2013(19).

[43] 赵庆海,赵慧玲．"微时代"下大学生志愿服务机制的完善与创新[J].学理论，2018(1).

[44] 王民忠，丁贞栋．大学生志愿服务长效机制建设的实践与思考 [J]. 北京教育（德育），2013(9).

[45] 乔永刚．新时代大学生志愿服务问题研究 [D]. 长春：东北师范大学，2019.

[46] 韩雪萍．我国大学生志愿服务存在的问题和解决措施 [D]. 北京：中央民族大学，2011.

[47] 陈思．当代大学生社会主义核心价值观培育研究 [D]. 北京：中国地质大学，2014.

[48] 杨芮．上海市大学生志愿服务激励机制研究 [D]. 上海：上海师范大学，2018.

[49] 郭芳．大学生志愿服务精神现状及培育对策研究 [D]. 石家庄：河北大学，2020.

[50] 赵晓达．当代大学生志愿精神及其培育研究 [D]. 石家庄：河北师范大学，2021.

后 记

大学生作为社会主义事业的建设者和接班人，培育其志愿精神与核心价值观是时代发展的必然要求，也是厚植学生爱国情怀，涵养学生奉献精神、敬业精神、友爱精神的有效路径。作为社会主义精神文明建设的首要构成部分的志愿精神，必须在社会主义核心价值观的引领下，以志愿服务为主要载体，实现对大学生的培育。同时也要积极发挥政府、高校、社会以及家庭等各方主体的积极作用，为大学生培育工作的开展创建良好的校内校外环境，持之以恒地开展和实施培育工作。

本书对大学生志愿精神和社会主义核心价值观在培育与践行方面进行较为系统的论证，并且形成一定的研究成果，但由于时间的限制以及笔者自身的研究水平受限，目前本书中仍旧存在一些问题和不足，日后将会持续性地关注和研究大学生志愿精神和社会主义核心价值观的培育工作，以期获得更加完善的研究成果。